The Logic Behind the Modernization of Tax Governance

税收治理现代化的逻辑

◎向景 著

暨南大学出版社
JINAN UNIVERSITY PRESS

中国·广州

图书在版编目（CIP）数据

税收治理现代化的逻辑/向景著. —广州：暨南大学出版社，2017.7
ISBN 978-7-5668-2139-3

Ⅰ.①税… Ⅱ.①向… Ⅲ.①税收管理—研究—中国 Ⅳ.①F812.42

中国版本图书馆 CIP 数据核字（2017）第 150177 号

税收治理现代化的逻辑
SHUISHOU ZHILI XIANDAIHUA DE LUOJI
著 者：向 景

....

出 版 人： 徐义雄
策划编辑： 杜小陆
责任编辑： 杜小陆 陈沛莹
责任校对： 黄志波
责任印制： 汤慧君 周一丹

出版发行： 暨南大学出版社（510630）
电 话： 总编室（8620）85221601
营销部（8620）85225284 85228291 85228292（邮购）
传 真：（8620）85221583（办公室） 85223774（营销部）
网 址： http://www.jnupress.com http://press.jnu.edu.cn
排 版： 广州良弓广告有限公司
印 刷： 佛山市浩文彩色印刷有限公司
开 本： 890mm×1240mm 1/32
印 张： 6.5
字 数： 163 千
版 次： 2017 年 7 月第 1 版
印 次： 2017 年 7 月第 1 次
定 价： 30.00 元

人是文化的动物。税收文化的底色是公民权利。

——作者题记

自 序

税收是文明的对价，税法是财产的公法保护之法。作为财富分割的利器，税收在世界历史进程中一直扮演着重要角色。约瑟夫·熊彼特拨开历史迷雾后睿智地指出：一个民族的精神风貌、文明程度、社会结构、行为方式等，都被记录在它的财政史上，其历史所蕴含的信息，比其他任何地方都能清醒预感到震撼世界的惊雷。诚如斯言。1215 年英国的《大宪章》，以限制王权课税为重点，在人类历史上第一次试图对私有财产扎上制度保护的篱笆。从此，芸芸众生在税收法定主义、罪刑法定主义的福佑下，借助工业化的力量，推动人类历史的车轮驰入现代文明的快车道。

我国历史，兴勃亡忽更替，曾反复出现“黄宗羲定律”怪圈，生灵饱受财税的积累莫返之害，实乃掠夺型王朝对生民之财取之无厌、用之无度之祸。痛定思痛，我们弃人治思维，彰法治理念，把依法治国和保护人权写进宪法，把税收立法作为法律保留条款，把依法治税作为税收工作的灵魂，利用现代税收文明强化公民财产的公法保护。有恒产者有恒心。产权激励激发起数十亿大众发挥积极性、创造性，神州大地因此再现奇迹，中华民族正在弯道超车，努力实现民富国强的中国梦。

黑格尔曾把哲学比喻成密涅瓦的猫头鹰，要等到黄昏才会起飞。密涅瓦是古代雅典的智慧女神，即希腊神话中的雅典娜，受人尊敬。栖落在她身上的猫头鹰，是智慧和理性的象征。其中喻义，当指哲学是一种反思活动，是对认识的认识，对思想的思想。这个伟大时代提出的税收治理现代化课题，亦需要追根溯源，考其来者，究其去向，才能使我们有照着讲的能力、接着讲的胆略。

拙作承先贤启迪，蒙方家教诲，意在弘扬税收法定，以此警惕和防止政府机会主义行为对纳税人私有财产的随意侵犯；意在弘扬税收正义，在宏观上证成税收存在必要性的同时，追问我国现行税制累退性的影响，考究量能课税的适用边界；意在弘扬税收人权，认定人是目的，诚信纳税是税收伦理的金规则，并呼吁税收社会学运动的兴起，利用税收杠杆，弥补契约制度的刚性缺陷，提高市场主体的基本能力，避免或减缓市场失灵对社会的冲击，促进社会良性运行。

长城不能一日修成，型塑现代税收文明不会一蹴而就。作为一个公民、一个税务人、一个纳税人、一个负税人，唯有与其他数万万纳税人一道，为税收立心、为税权立命、为税情立标准，才不愧于这个时代、不愧于这个历史、不愧于这片曾经伤痕累累而又传奇无数的黄土地。

2017 年 6 月 9 日

目　录

第一章　税收治理现代化的缘起：1215 年以后

在追溯税收治理现代化起源时，我们一般都把英国 1215 年的《大宪章》作为税收范式转换的分水岭。这次历史的偶然，却使税收领域甚至国家治理理念发生了根本性变化。《大宪章》的通过，是税收领域的“哥白尼革命”。[①] 税收现代化的溯源，都不约而同地追溯到这一发端。考察现代化研究的历史范本，税收现代化早于经济现代化。随后西欧的文艺复兴，因自然的发现、地理的发现、人的发现，促成了对国家、权力等人类社会重大问题的重新思考。先贤们思考的指向，是人类社会如何告别传统社会、拥抱现代社会。这一伴随血与火、刀与剑的过程，被称为现代化。

---

① 哥白尼（1473—1543），波兰天文学家，现代天文学的创立者。哥白尼生活在托勒密地心说时代，他通过观察，撰写出《天体运行论》，否定了地心说，建立了日心说，改变了那个时代人类对宇宙的认识。“哥白尼革命”现多指哲学领域的认识论转向或科学研究范式的转换，也指某类事物或理念的根本性变革。如科学史家库恩出版的《哥白尼革命》《科学革命的结构》，通过对科学史的考察，论证了范式之间的不可通约性。参见托马斯·库恩著，吴国盛、张东林、李立译：《哥白尼革命》，北京：北京大学出版社 2003 年版；托马斯·库恩著，金吾伦、胡新和译：《科学革命的结构》（第四版），北京：北京大学出版社 2016 年版。

第一节　现代化的生成与发展

一、现代与现代化

1. 现代与现代化的概念

“现代”一词何时出现，目前还没有定论。据德国解释学家姚斯在《美学标准及对古代与现代之争的历史反思》中考证，“现代”一词首次于10世纪末期被使用，意指古罗马帝国向基督教世界过渡时期，今天多指18世纪启蒙主义运动兴起以后的历史时期。①

另根据韦氏辞典，英语单词Modern是形容词，大约产生于1585年，有两层含义：①表示性质，意思是现代的、时髦的；②表示时间，意思是现代的，指从1500年到当前这段历史时间。英语单词Modern的两层含义，具有不同特点：在性质上，只有时间限制，没有领域限制，可指人类活动的各个方面；在时间上，只有时间上限，没有时间下限，可以无限延长。② 英语单词Modernize是动词，大约产生于1748年，含义是使现代化，使适合现代需要。英语单词Modernization产生于1770年，是指实现现代化的过程，或实现现代化后的状态。③

另有考证，“现代化”一词自1951年6月才开始被使用。在

---

① 引自百度百科“现代”词条解释。参见http：//baike. baidu. com/link？url = WUD5WGyfs2Sm63cy88SMp_ L6Ump2QCZVZqqWapgVEgqtjgZ4lDUEuNxCoL4ga_ HDLaZi-wRVGGQS3A_S8Apoz7_。访问时间：2016年10月22日。

② 转引自何传启：《现代化概念的三维定义》，《管理评论》2003年第3期，第8－14页。

③ 转引自何传启：《现代化概念的三维定义》，《管理评论》2003年第3期，第8－14页。

美国社会科学研究会经济增长委员会主办的学术刊物《文化变迁》杂志编辑部举办的一次学术讨论会上，与会学者讨论了贫困、经济发展不平衡等问题，并第一次使用“现代化”一词，用来描述从农业社会向工业社会的转变特征。① 但对什么是现代化，学界至今没有相对统一的认识。德国施罗德指出，现代化和现代性现在已经贬值到你想往里塞什么就可以塞什么的地步了。②

以下是几种有代表性的现代化定义：

布莱克教授认为，现代化可以被界定为一个过程，在这一过程中，历史上的制度发生着急速的功能变迁——它伴随科学革命而来，反映了人类知识的空前增长，从而使人类控制环境成为可能。③

罗兹曼教授指出，现代化是人类历史上最剧烈、最深远并且显然是无法避免的一场社会变革。是福是祸暂且不论，这些变革终究会波及业已拥有现代化各种模式的国家接触的一切民族。④

罗荣渠先生通过比较研究后，归纳出四类现代化定义：①现代化是指经济上落后国家在经济和技术上追赶世界先进水平的历史进程；②现代化是落后国家如何实现工业化的过程；③现代化是指自然科学革命以来人类社会的变迁过程；④现代化是指心理态度、价值观和生活方式改变的过程。⑤ 罗荣渠先生把现代化分

---

① 引自百度百科“现代”词条解释。参见：http：//baike. baidu. com/link？url = WUD5WGyfs2Sm63cy88SMp_ L6Ump2QCZVZqqWapgVEgqtjgZ4lDUEuNxCoL4ga_ HDLaZiwRVG-GQS3A_S8Apoz7_。访问时间：2016 年 10 月 22 日。

② 转引自付志宇：《近代中国税收现代化进程的思想史考察》（第二版），成都：西南财经大学出版社 2015 年版，第 14 页。

③ 布莱克著，景跃进、张静译：《现代化的动力——一个比较史的研究》，杭州：浙江人民出版社 1989 年版，第 6 页。

④ 吉尔伯特·罗兹曼主编，国家社会科学基金“比较现代化”课题组译，沈宗美校：《中国的现代化》，南京：江苏人民出版社 1995 年版，第 4 –5 页。

⑤ 罗荣渠：《现代化新论》，北京：商务印书馆 2009 年版，第 9 页以下。

为广义和狭义两种。广义上的现代化主要指工业革命以来生产力发展导致的生产方式大变革，引起世界经济加速发展和社会适应性变化的大趋势；狭义上的现代化主要指欠发达经济体追赶发达经济体的过程。①

虞和平先生通过比较和归纳，提出现代化是人类社会伴随着科学技术的发展和社会各方面的变革，由传统农业社会向现代工业社会转变的过程。而现代化理论，主要是西方国家的现代化及其向世界扩散过程的理论总结。②

周穗明等学者指出，现代化表现为一个国家、一个地区的现代性生长和构成的过程。现代性的生成和现代化的历史实现，把世界历史划分为古代和现代。③ 现代化是人类历史进程的一次总体性转向，不同的研究角度，不同的观察视野，对现代化的定义也明显不同。钱乘旦等学者通过文献梳理，发现经济学、政治学、社会学、心理学、历史学等不同学科对现代化的认知是不一样的。④

我们认为，现代化是世界范围内一种新的文明形式逐渐确立的过程，即以农业社会向工业社会转变为表征，现代性不断成长并向世界扩展的过程。

2. 现代化的内容与特征

对于对现代化特征与内容的分析，学者们的结论大同小异。比较有代表性、引用较多的是亨廷顿的“九特征说”。亨氏的九

---

① 罗荣渠：《现代化新论》，北京：商务印书馆 2004 年版，第 102 页。

② 虞和平：《中国现代化历程》（第一卷），北京：商务印书馆 2007 年版，绪论第 9 页。

③ 周穗明等：《现代化：历史、理论与反思》，北京：中国广播电视出版社 2002 年版，第 165 页。

④ 参见钱乘旦著：《世界现代化历程》（总论卷），南京：江苏人民出版社 2012 年版。

特征主要为：①现代化是革命的过程，从传统社会向现代社会转变，只能与人类起源的变化和从原始向文明社会的变化相比拟；②现代化是复杂的过程，它实际上包含着人类思维和行为一切领域的变化；③现代化是系统的过程，一个因素的变化将联系并影响到其他各种因素的变化；④现代化是全球化的过程，现代化起源于欧洲，但现在已经成为全世界的现象；⑤现代化是长期的过程，现代化涉及的整个变化需要时间来解决。⑥现代化是分阶段的过程，一切社会的现代化过程，有可能区别出不同水平或阶段；⑦现代化是一个同质化的过程，传统社会有很多不同的类型，现代社会却基本是相似的；⑧现代化是不可逆转的过程，虽然在现代化过程中，某些方面可能出现暂时的挫折和偶然的倒退，但整体上现代化是一个长期的趋势；⑨现代化是进步的过程，在转变时期，现代化的痛苦和代价是巨大的，但从长远看，现代化增加了人类在文化和物质方面的幸福感。①

我国学者周穗明等对现代化内容的提炼也很有代表性。他们认为，现代化的基本理念是理性主义和个人主义，启蒙运动使理性替代神性，并把人从宗教蒙昧中逐渐解放出来，科学与民主成为理性主义精神的核心内容；现代化的基础是经济工业化和市场化；现代化的关键是政治民主化和法制化；现代化的完成是社会理性化和世俗化。②

李红勃撰文指出，现代化代表了人类整体发展的价值取向和理性追求。现代化主要包括：政治现代化，具体体现为民主化、法制化、科层化、民众的普遍参与；经济现代化，具体体现为工

① 转引自西里尔·E. 布莱克著，杨豫、陈祖洲译：《比较现代化》，上海：上海译文出版社 1996 年版，第 44 – 47 页。

② 周穗明等：《现代化：历史、理论与反思》，北京：中国广播电视出版社 2002 年版，第 166 页以下。

业化、专业化、规模化和经济可持续增长能力；社会现代化，具体体现为城市化、流动化、信息传播和社会结构日趋分化；人的现代化，意味着人的开放性、参与性、独立性、平等性等价值观念的生成和确立；文化现代化，强调理性主义、个性自由、效率至上等观念的普及。[①]

概而言之，现代化的主要内容和特征是个体理性化、政治民主化、经济工业化、社会城市化等，这些都与传统社会有质的不同，是对人类传统文明的超越和扬弃。

二、现代化的理论流派

现代化理论是在第二次世界大战后全球性工业化高潮阶段形成的关于社会变迁的新的理论框架。[②] 随着国家间竞争的加剧，对现代化的研究成为世界性的学术研究热点，并出现几波研究高潮。通过知网搜索，我们发现，从 1950 年至 2016 年 10 月 6 日，仅我国文献中篇名含“现代化”的便达 109 945 条。[③] 现代化成为创造理论财富的学术增长点。

现代化理论是对传统社会向现代社会转型和变迁的系统认识，发展至今，大致经历了三个阶段或四个阶段，出现了六大流派。其中，三阶段指原生现代化理论、后发现代化理论、当代社会发展理论；[④] 四阶段指原初现代化理论、经典现代化理论、世界体系理论、当代社会发展理论；[⑤] 六大流派指结构学派、过程

① 舒国滢主编：《法制现代化的理论基础》，北京：知识产权出版社 2010 年版，第 57－59 页。

② 罗荣渠：《现代化新论》，北京：商务印书馆 2009 年版，第 27 页。

③ 搜索网站为 www. cnki. net；访问时间：2016 年 10 月 6 日。

④ 周穗明等：《现代化：历史、理论与反思》，北京：中国广播电视出版社 2002 年版。

⑤ 钱乘旦：《世界现代化历程》（总论卷），南京：江苏人民出版社 2012 年版。

学派、行为学派、实证学派、综合学派、未来学派。现代化理论被划分为不同发展阶段的原因，主要是学者观察问题的角度不同，对每一发展阶段有影响力的思想家看法有别，但他们之间的实际差别较小。现主要介绍三阶段理论及其主要观点。

1. 原生现代化理论

原生现代化理论或原初现代理论，产生于 19 世纪中叶至 20 世纪初。这些理论当时没有被称为现代化理论，却是传统社会向现代社会转型过程中较早的理性思考，我们可称之为资本主义发展的发生学。代表人物主要包括托克维尔、涂尔干、韦伯等影响至今的思想巨匠。原生现代化理论中各思想家观察问题的角度各异，其中一个共同点就是：为什么现代化会率先出现在西方国家？

托克维尔（1805—1859），19 世纪法国政治理论家、历史学家、政治家。其名著《论美国的民主》分上、下两卷，深入考察了自由平等、尊重权力、尊崇法制、主权分享、均势制衡等原则对美国政治制度与民情的影响，集中论述了“平等、民主潮流不可阻挡，贵族制度必然衰亡”这一基本思想，认为民主社会身份的平等使每个人都可以通过自己的努力改变地位，而贵族社会身份的不平等，使少数人拥有特权，大多数人则受到阶级地位的限制，各个阶级之间的差异要远远多于共同之处。人民主权原则是民主制度的最高根本原则，构成一切法律的基础和出发点。人民主权原则是元权力。[①]《论美国的民主》主要论述的是政治现代化如何成为可能的问题。

涂尔干（1858—1917），又译为迪尔凯姆、杜尔凯姆，法国犹太裔社会学家、人类学家，在现代化领域研究的代表作是《社

① 托克维尔著，周明圣译：《论美国的民主》，北京：中华书局 2014 年版。

会分工论》。涂尔干把社会团结分为机械团结和有机团结，机械团结以个体之间的相同性或相似性为基础，主要出现在低级社会，即传统社会；有机团结建立在社会分工和以异质性为基础的相互依赖社会。由于社会分工的发展，人们在意识、信仰上的差异也日益增大，古代维系团体的共同意识逐渐被分工制取代。民族进化程度越高，其成员间的差异越大。分工使社会像有机体一样，每个成员都为社会整体服务，同时又不能脱离整体。近代社会是差异的社会，又是有机团结的社会。①《社会分工论》主要论述经济和社会现代化如何成为可能的问题。

韦伯（1864—1920），德国著名社会学家、政治学家、经济学家、哲学家。韦伯最有影响力的著作之一是《新教伦理与资本主义精神》。该书认为经过新教革命后，西方文化出现新的积极变化，新教徒表现出一种特别善于发扬经济理性主义的倾向，而天主教更注重来世，这是新教理想的影响成为欧洲和美国社会变革、经济体系发展的重要原因。② 韦伯不是把资本主义仅仅看作一种工业体制，而是将之理解为一种文明，一种现代西方世界的文明。③ 韦伯开创了现代化的“文化起源论”先河，经济理性主

① 涂尔干著，渠东译：《社会分工论》，上海：生活·读书·新知三联书店 2013 年版。英国古典经济学家亚当·斯密在 1776 年出版的《国民财富的性质和原因的研究》中专门论述社会分工促进社会发展的思想，认为生产力的最大改善，起因就在于分工。而社会分工促进劳动生产力水平的提高，是因为分工使劳动者的技巧因专业化而提升，许多简化劳动和缩减劳动的机械发明，都是在分工的基础上发生的。参见亚当·斯密著，郭大力、王亚南译：《国民财富的性质和原因的研究》，北京：商务印书馆 1974 年版。

② 韦伯并不否定其他因素对西方现代化的影响，他认为对科学的追求、法律、政府行政管理的系统化等都是重要的影响因素。参见马克斯·韦伯著，马奇炎、陈婧译：《新教伦理与资本主义精神》，北京：北京大学出版社 2012 年版。

③ 周穗明等：《现代化：历史、理论与反思》，北京：中国广播电视出版社 2002 年版，第 205 页。

义成为现代生活的总体特征。《新教伦理与资本主义精神》主要探讨文化现代化如何成为可能的问题。

2. 后发现代化理论

后发现代化理论是狭义上的现代化理论，它是对非西方世界现代化进程的历史描述和理论概括。后发现代化理论集中探讨的问题是：非西方世界现代化与西方世界现代化道路是同质性的，还是异质性的？一些研究者持西方中心论立场，认为非西方世界的现代化是西方现代化的进一步拓展；一些研究者持非西方中心论立场，并批判西方世界利用现代化的先发优势对非西方世界进行剥削。主要代表理论是帕森斯的结构功能主义、罗斯托的经济增长阶段理论、多斯桑托斯等的依附理论、沃勒斯坦的世界体系理论等。

帕森斯是美国现代化理论的奠基人。在《社会系统》一书中，帕森斯从世界史的角度把世界的现代化进程分为三个阶段。第一阶段的现代化以欧洲西北角为主导，第二阶段以欧洲东北角为主导，第三阶段以美国为主导。帕森斯利用韦伯提出的传统与现代二分法，首先提出现代社会与传统社会的不同行动系统，即规范上普遍主义与特殊主义的对立、专一性和广泛性的对立、成就地位和先赋地位的对立、自我取向与集体取向的对立、情感无涉与情感有涉的对立等五个对立理论。帕森斯的二分法现代化理论，成为其支持者采用的基本分析框架，而他定义的现代化理论，实际上是在探究非西方国家如何通过现代化从而走向工业化、民主化的发展道路。①

罗斯托在《经济增长的阶段：非共产党宣言》一书中，把一

① 转引自周穗明等：《现代化：历史、理论与反思》，北京：中国广播电视出版社 2002 年版，第 217 – 220 页。

个国家的发展分为传统社会、为起飞创造条件、起飞、走向成熟、大众高消费、追求生活质量等六个阶段。传统社会的结构是在有限的生产函数内发展起来的；为起飞创造条件阶段是现代科学知识开始在农业和工业中转化为新的生产函数，英国是第一个具备这一条件的国家；起飞阶段是现代社会生活的巨大分水岭，起飞阶段不仅要等到社会基础资本的积累和工业、农业技术的迅猛发展，还要等到经济现代化作为最重要的政治事业的政治集团出现；走向成熟阶段是指经济经历大约60年的持续增长；大众高消费阶段指国家的主导部门转向耐用消费品和服务业，并出现福利国家，美国是第一个步入这个阶段的国家。一个国家要从传统社会迈向现代社会，最重要的是其起飞阶段，只有完成了起飞阶段，才可能实现工业化，进入发达国家行列。①

多斯桑托斯等人的依附理论是通过挑战西方主流的现代化理论发展起来的，其代表作为《帝国主义与依附》。该书深入讨论了帝国主义时代的全球经济依附关系，否认欠发达国家不发达是由内因造成的，而是西方国家把非西方国家纳入了不平等的国际经济格局，对非西方国家进行长期的掠夺和剥削，才导致非西方国家落后于西方发达国家。打破依附状态的唯一办法是改变内部结构，而不是将内部结构与外部影响隔绝开来。② 随着东亚经济的成功崛起，依附理论的影响逐渐衰落下去。

沃勒斯坦的世界体系理论集中体现在《现代世界体系》中。该书一共四卷，并建立了“中心—半边缘—边缘”结构分析框架。《现代世界体系》第二卷提出一个新的重要论题，即在现代

① 参见罗斯托著，郭熙保、王松茂译：《经济增长的阶段：非共产党宣言》，北京：中国社会科学出版社2001年版。

② 参见特奥托尼奥·多斯桑托斯著，杨衍永、齐海燕等译：《帝国主义与依附》，北京：社会科学文献出版社1999年版。

世界体系的运转中，霸权是一种至关重要的机制。霸权机制使现代世界体系成为人类历史上的第一个世界经济。第三卷介绍了 18 世纪 30 年代至 19 世纪上半期的世界资本主义经济，分别论述了工业革命、法国大革命及其引发的第三轮中心国家争霸、南北美洲的独立运动和印度次大陆、奥斯曼帝国、俄罗斯帝国、西部非洲这几个被并入世界经济的重要地区的边缘化和半边缘化。第四卷专门用于探讨现代世界体系下的全球地缘文化，深化了对世界体系的政治、文化和经济诸方面之间关系的理解。与依附理论不同的是，处于中心、半边缘、边缘的国家是可能变动的，而不是被永远锁定在某一结构中。“中心—半边缘—边缘”结构分析主要探讨发展中国家和地区如何摆脱不发达状态。①

3. 当代社会发展理论

当代社会发展理论是对第二次世界大战后逐渐兴起的后工业社会的理论思考，消除“发展就是经济增长”和理性主义万能论这些理论带来的一些负面影响。该理论主要包括佩鲁提出的新发展观、胡勃等提出的生态现代化理论、世界环境与发展委员会等提出的可持续发展理论。当代社会发展理论已经超出了非西方世界的发展范围，而是在人类命运共同体框架下，思考西方与东方、先发与后发、富裕与贫穷等人类社会的命运问题，校正“人是万物的尺度”这一人类中心主义的负面影响，重新回到康德哲学“人是目的”这一终极话题。

法国学者佩鲁的《新发展观》，摒弃无发展的增长论，提倡以人为本的新发展观。他认为增长论为唯经济主义的观点，具有片面性和狭隘性。他提出的新发展观有整体性、综合性、内在性

① 参见伊曼纽尔·沃勒斯坦著，郭方、刘新成、张文刚译：《现代世界体系》(1 ~4 卷)，北京：社会科学文献出版社 2013 年版。

三个特性，发展质量是发展的新内涵。发展中国家要获得真正的发展，就必须重视发展过程中人的自力更生作用，实现必要的合作与自主发展之间的协调一致，摆脱落后的经济和社会结构，且政府首先应担起应尽的责任并建立适当的制度和秩序。①

德国学者哈勃于20世纪80年代初提出生态现代化理论，其基本初衷在于分析和实现现代工业社会对环境危机的有效应对，关注现代化过程中经济增长和环境保护的关系，强调二者之间的协调性，环境保护不应成为经济活动的负担，而应成为可持续发展的前提，最终达到双赢的局面。生态现代化理论坚持在现有的社会制度框架内实现对经济发展的“绿化”，并重视国家干预、政策整合在环境与经济协调发展中所发挥的作用。②

世界环境与发展委员会提出的可持续发展理论，强调在发展过程中，应坚持公平原则、质量原则、协调性原则、整体发展原则，从而实现经济、社会和生态的可持续发展三个目标。

当代社会发展理论中，亨廷顿的文明冲突论、布罗代尔的新资本主义论亦应引起高度关注。前者认为，由于现代化的激励，全球政治正沿着文化的断裂带重构，文化共同体正取代冷战阵营，文明的断裂带正在成为全球政治的中心线。③ 与福山相比，亨廷顿是历史悲观主义者。布罗代尔在《十五至十八世纪的物质文明、经济和资本主义》一书中，对资本主义和市场经济两个概念重新进行了解读，他认为资本主义的本质是追求垄断，市场经

---

① 张仲宁、白鹏飞：《佩鲁〈新发展观〉述评》，《广西青年干部学院学报》2007年第4期，第80－82页。

② 马国栋：《生态现代化理论产生和发展的理论背景分析》，《南京工业大学学报》（社会科学版）2014年第3期，第66－72页。

③ 参见亨廷顿著，周琪等译：《文明冲突与世界秩序的重建》（修订版），北京：新华出版社2010年版。

济的本质是追求平等交换，市场经济与资本主义不是一回事。他认为要抛弃资本主义，发展市场经济。现代化促进了全球化，当代社会发展理论实质上是对全球化进程的深入思考。①

三、中国现代化的历史进程

中国的现代化历程划分，多以重大历史事件发生为界，这实际上与我国近代以来的历史阶段划分重合。虞和平先生在其三卷本《中国现代化历程》中，把我国现代化历程划分为三个历史时期。② 我们认同这一划分方法。

1. 前提与准备时期（1840—1911）

其间经历鸦片战争、洋务运动、百日维新、清末新政、辛亥革命等重大历史事件。在这一历史时期中，我国主要处于农业社会，被迫纳入世界体系，在工业文明的冲击下，对于实现现代化的准备明显不足。清政府以“中学为体，西学为用”的思想指导现代化建设，在前期拒绝政治的现代化，在后期政治现代化过程中，中央权威削弱严重，不能平衡各方面力量，现代化进程多次被迫中断。这一时期的现代化意义，主要是促进了世俗理性的觉醒，精英阶层开始以工业文明的思维思考国家的发展前途问题，为经济、社会和政治的现代化做了初步准备。

2. 启动与抉择时期（1912—1949）

这与中华民国的历史重合。其间经历第一次世界大战、国内三次战争、抗日战争、第二次世界大战等重大历史事件。这一历史时期，由于战争频仍，现代化成为救亡的手段。因第一次世界

---

① 周穗明等：《现代化：历史、理论与反思》，北京：中国广播电视出版社 2002 年版，第 248 – 258 页。

② 参见虞和平：《中国现代化历程》，北京：商务印书馆 2007 年版。

大战西方主要大国陷入战争，无暇东顾，在1927—1937年，我国的资本主义工商业快速发展，史称“黄金十年”。由于抗日战争的爆发，战时经济必须动员一切可资利用的资源投入战争，很大程度上扭曲了现代化发展的路径，如国民党政府的国有化策略、西部工业化策略等国家主义工业化战略的实施，至今负面影响仍然很大。

3. 改道与腾飞时期（1949—）

在这一历史时期中，我国既出现重大失误，又取得重大成就。根据英国经济学家麦迪森的计算，我国的GDP在1820年时，占世界的32%；到1949年时，下滑至占比5%左右。由于1949年后我国选择计划经济体制，实施赶超型现代化发展战略，效率不高，从1949年至1978年这30年间，我国的现代化进程只推进了9%，即现代化进程从21%推进到30%。如果与日本进行横向比较，我国的现代化水平从20世纪50年代初的22.7%下降到70年代末的4.48%，生产力遭到巨大破坏。重新选择改革开放发展战略和实行市场经济体制后，我国现代化进程提速明显，1978年至2008年，我国发展到工业化中后期，总体上完成第一次现代化的68.5%。改革开放前30年，我国推进现代化进程9百分点，改革开放后30年，推进现代化进程38.5百分点。发展战略和路径不同，现代化的成效差距也明显不同。①

何传启先生于1999年提出第二次现代化理论。第二次现代化理论把人类社会的发展分为四个阶段，即原始社会、农业社会、工业社会、知识社会。从农业社会向工业社会转移的过程是第一次现代化，在公元第二个千年里，世界上50多个国家和地

① 周天勇：《中国现代化历程与未来发展的任务》，《民主与科学》2011年第1期，第39－44页。

区实现了第一次现代化，并启动了第二次现代化；从工业社会向知识社会转移的过程是第二次现代化。第一次现代化的重要特征是工业化、城市化和民主化，第二次工业化的主要特点是知识化、网络化、国际化。[①] 根据该理论，在我国第一次现代化进程即整个第一时期、第二时期的现代化进程中，因现代化背景复杂，既有后发国家普遍遇到的发展问题，又有中国文明独特的沉重遗产，科学与民主观念远远没有融入社会，农业文明的刚性依然没有受到触动，封建专制意识仍然左右着中国，现代化的成就屈指可数，但这一时期为全面的第一次现代化奠定了基础。中国还没有完成第一次现代化，同时还面临到 2050 年实现第二次现代化前所未有的挑战。[②]

第二节　税收传统、现代与现代性

一、税收管理与税收治理辨析

相比现代化的研究，对税收现代化的研究成果相对较少。截至 2016 年 10 月 9 日，中国知网以“税收现代化”为篇名的文献仅 352 篇。[③] 王仲礼先生在《涉外税务》1989 年第 7 期刊载的《谈谈税收的现代化管理》是被收录最早的成果。自 2013 年十八届三中全会提出国家治理体系和治理能力现代化以来，税收治理现代化的文献骤然增多，从 2011 年前每年公开发表的文献不到

① 何传启：《第二次现代化理论与中国现代化》，《世界科技研究与发展》1999 年第 12 期，第 72 – 76 页。

② 何传启：《第二次现代化理论与中国现代化》，《世界科技研究与发展》1999 年第 12 期，第 72 – 76 页。

③ 中国知网（www. cnki. net）。访问时间：2016 年 10 月 9 日。

10篇，到2016年增加到111篇。公开出版的专著中，付志宇教授的《近代中国税收现代化进程的思想史考察》[①]成书于2010年，是较早专题讨论税收现代化的著作。直到2015—2016年，专题研究税收现代化的著作才逐渐增多，如朱广俊主编的《税收现代化目标体系建设研究与实践》、[②]中国国际税收研究会编的《中国国际税收走向现代化的回顾与展望》等。[③]

在财税领域，治理概念是近几年才从政治学引进的概念。十八届三中全会提出国家治理体系和治理能力现代化以来，税收治理现代化的概念被迅速普及推广，大有取代税收管理现代化之势。对于管理和治理的异同，学者们进行了学理辨析。一般认为，管理的主体是政府，治理的主体除政府外，还包括社会组织和个体，体现的精神和价值取向是共治，且最大的不同是，政府既是治理的主体之一，同时也是治理的对象。[④]还有学者辨析了治理与统治的区别，认为治理有五个方面的特征：主体方面，治理的主体是多元的而非单一的；权威性质上，治理可以是强制性的，也可以是协商性的；权威来源上，可以来自法律，也可以来自契约；权力运行上，可以是单向度的，也可以是多向度的；作用范围上，边界也比统治宽广得多。[⑤]

比照学者们对管理与治理概念界定的区别，可以对税收管理

---

① 付志宇：《近代中国税收现代化进程的思想史考察》，成都：西南财经大学出版社2010年版。

② 朱广俊主编：《税收现代化目标体系建设研究与实践》，北京：中国税务出版社2015年版。

③ 中国国际税收研究会编：《中国国际税收走向现代化的回顾与展望》，北京：中国税务出版社2015年版。

④ 高培勇：《财税体制改革与国家治理现代化》，北京：社会科学文献出版社2014年版，第3页。

⑤ 俞可平：《论国家治理现代化》，北京：社会科学文献出版社2014年版，第2页。

和税收治理做类似的区分。相比税收管理，税收治理体现为主体的多元性、权威性质上强制性和协商性的统一、权威来源上法律性和契约性的统一、权力运行上单向度和多向度的统一。从管理到治理，主要是受 20 世纪 70 年代末 80 年代初放松管制以及新公共管理运动等思潮的影响。在税收管理领域，对现代化的理解，不能仅从概念上去界定，而要从实质上去甄别。只要具备现代化的实质，不管称之为税收管理现代化、税收现代化，还是称之为税收治理现代化，所反映的都是税收从传统向现代的转型。

二、税收治理现代化的内涵及其主要特征

1. 税收治理现代化的内涵

如同对现代化的理解，对税收治理现代化的定义，不同的人从不同的角度观察，结论有一定差异。当前，我国对税收治理现代化或税收现代化的研究，主要形成了四种代表性观点。

（1）内容论。该论认为税收现代化是包括完备规范的税法体系、成熟定型的税制体系、优质便捷的服务体系、科学严密的征管体系、稳固强大的信息体系、高效清廉的组织体系等六大体系的统一。①

（2）管理论。该论认为税收治理现代化是以管理、服务、技术手段的现代化为依托，以人的现代化为决定性因素，与经济社会发展阶段相适应的税务管理状态。②

---

① 这是国家税务总局局长王军同志 2013 年 12 月 13 日在北京市国税局、地税局调研时提出的观点。张林海主编的《税收现代化目标体系建设研究》一书，对六大体系建设进行了系统化论证。参见张林海主编：《税收现代化目标体系建设研究》，北京：中国税务出版社 2016 年版。

② 朱广俊主编：《税收现代化目标体系建设研究与实践》，北京：中国税务出版社 2015 年版。焦瑞进：《税收治理现代化及其数据应用分析》，北京：中国税务出版社 2016 年版。

（3）技术论。该论认为税收治理现代化主要是以“互联网+税务”为依托，运用现代信息技术，优化纳税服务，提升办税效率，提高税法遵从，中国知网收录的文献大多是从这个角度论述税收现代化的。这基本是管理论的缩小版，或者说是管理论的信息化版。[①]

（4）控权论。该论认为现代税法若从体现人权意识出发，税法不单纯是税务机关行使征税权的根源，更是保障纳税人基本权利、旨在对抗征税权滥用的权利之法，[②] 税法应浸透民主、人权、宪政理念。控权论发端于1215年的英国《大宪章》，后经英国、美国、法国等国资产阶级革命得到承认和巩固，在德国、日本学者等国几代学者的努力下，逐渐得以学理化、系统化。

理解税收现代化，首先应了解什么是税收。税收本质上是国家通过特定的制度和程序，将公民财产权转换为国家财政权。起源于英国的现代税收，与传统税收最大的区别，就是对政府征税权的控制。以此观之，控权论更接近税收治理现代化的本质。结合上述四种代表性观点，[③] 笔者认为，税收治理现代化是指以税收法定为前提、以纳税人权利为根本保障、以公平和效率相统一的税制为基础、以促进国家全球竞争力提升为目标的过程和状态。税收治理现代化的本质，是把权力纳入法治轨道，不断降低税收治理成本，提升税收治理效率，进而拓展人的尊严和自由。

2. 税收治理现代化的特征

一个现代化国家，体现在税收上，是税收国家；体现在财政上，是预算国家。税收治理现代化是国家治理现代化理所当然的

---

① 如江苏省苏州工业园区地方税务局课题组就持该种观点。参见该课题组论文《略论税收治理现代化指标体系的构建》，《税务研究》2016年第4期，第106－111页。

② 刘剑文、熊伟：《税法基础理论》，北京：北京大学出版社2004年版。

③ 对税收治理现代化四种观点的归纳，得到姚轩鸽先生的指教。在此表示感谢。

内容。世界范围内的现代化进程表明，现代化是一个渐进的历史进程。受国情、文化、发展阶段等不同因素的约束，不同国家税收现代化的时间长短不一，路径有别。作为现代化进程中的精神积淀和价值内核，税收治理的现代性却趋于一致。税收治理现代化具有形式特征和实质特征。

税收治理现代化的实质特征，是税制科学化、税法人权保障法治化、税收成本最小化。税制科学化，是指除通过税收取得财政收入既要充裕又要富有弹性外，税制还要承担促进经济社会发展职能和收入分配调节职能。在经济全球化的背景下，税制还应具备国际税收竞争能力，以吸引各类优质生产要素集聚，促进产业转型升级，进而提升国家的经济竞争力。税法人权保障法治化，就是坚定人是目的的立场，坚守税收法定主义，厘定国家与公民财产边界，税法的制定和实施是为了不断扩展公民的自由和权利。征税成本最小化，即在既定的税制下，以尽可能少的税收成本取得尽可能多的税收收入，包括税务部门的征税成本最小化和纳税人的遵从成本最小化。

税收治理现代化的形式特征，是科学的税收立法、程序正义、限制行政自由裁量权。科学的税收立法主要是把税收公平理念制度化植入税收立法之中，以此审视税法在调节纵向、横向和代际公平中发挥的职能作用；提高直接税的比重，减轻税制的整体累退性效应，并让中低收入者在基本公共服务均等化进程中，共享经济社会发展的成果。程序正义是指在制定税收征管法以及其他相关法律中，应平衡好国家中心主义和纳税人中心主义之间的关系，科学配置税务部门、纳税人、税收协同治理主体之间的权利和义务，让程序正义真正成为看得见的正义，从而提高税法遵从度，降低税收治理成本。限制行政自由裁量权，指借助现代信息技术，使税收管理从接触性办税向网上办税、由管户向管事成为可能和现实；管理熟人社会的传统的管理因子越来越少，管理原子化的陌生人社会的现代的管理因子越来越多；通过信息手段以及政府信息公开制度，限制对行政权的恣意使用。法治是税收治理现代化的通行证。税收治理现代化的特征，也就是税收的现代性。

3. 税收治理现代化的主要内容

从对税收治理现代化的概念界定中，基本可管窥对税收治理现代化的阐述。持内容论的，以国家税务总局的专家为主，他们围绕完备规范的税法体系、成熟定型的税制体系、优质便捷的服务体系、科学严密的征管体系、稳固强大的信息体系、高效清廉的组织体系等六大体系构建研究框架。[①] 持管理论的则认为，税收治理现代化的范围比持内容论的小，大致等同于传统的税务管理范围。如焦瑞进在论述税收治理现代化时，主要内容涉及税收专业化管理、大企业管理、税源管理、税源经济特征分析、企业税收特征、纳税评估、税务审计、反避税调查等。[②] 持技术论的，把税收治理现代化等同于“信息化 + 税收征管 + 纳税服务 + 纳税遵从”，实际上就是大征管，或者说是税收征管的现代化。持控权论的，认为税收现代化的精神，包括税收目的和税收行为的正当性，其目的是保障纳税人的基本权利；确保财政与行政的相互规定性，以限定征税权与行政范围。控权论的具体内容主要包括：税收法定，坚持法律保留原则；财权与事权相统一，税权的纵向配置应科学合理；税种选择要处理好公平与效率的关系；整

① 参见张林海主编：《税收现代化目标体系建设研究》，北京：中国税务出版社 2016 年版。

② 焦瑞进：《税收治理现代化及其数据应用分析》，北京：中国税务出版社 2016 年版。

体税制的设置能够实现财政收入、经济调控、社会政策的兼顾。①

税收治理现代化的内容如何安排，不同的处理方法没有优劣之分，仅是观察问题的角度不同。在经济全球化时代，一个国家的税收治理现代化，在坚持税收内在运行规律的同时，应致力于国家能力建设和国际竞争力的提升。税收治理现代化应服从服务于国家治理现代化。我们认为，税收治理现代化至少应包括三方面内容：宏观上，以控制权力为主线，主要以税收法定主义为圭臬，以纳税人权利保护为内核，厘清政府与市场的合理边界，探讨税权的横向配置和纵向配置；中观上，以提升税制的科学性和国际竞争力为主线，考虑到大多数发展中国家和地区正在向中高收入阶段迈进、面临的中等收入陷阱问题，应该在分析中等收入陷阱和经济增速换挡带来的经济社会发展问题时，重点探讨跨越中等收入陷阱的税制使命；微观上，以税收征管为主线，吸收近年来积累起来的大数据、协同治理等成果，探讨税收征收效率的提升问题。宏观上的内容，相当于控权论的范围；中观上的内容，相当于税制优化理论和国家竞争论的内容；微观上的内容，包含了内容论、管理论、技术论的主要内容。这可以称为综合论。

三、传统税收与现代税收的界分

从世界史角度分析，传统税收与现代税收的第一次界分发生在中世纪的英国。现代税收从传统税收的襁褓中分离，发生的一个标志性事件就是 1215 年英国国王在兵变中被迫与贵族签订《大宪章》。在欧洲封建社会时期，国王自理生计，英国王室的收

① 付志宇：《近代中国税收现代化进程的思想史考察》，成都：西南财经大学出版社 2010 年版，第 23 – 24 页。

入由地产收入、封建习惯贡金和关税等组成。由于国王的权力并未受到完全有效控制，国王滥权的情况时有发生，封建贵族等臣民的财产安全受到严重威胁。约翰王执政时期，因连年战争，财政大亏空，导致封建贵族产生强烈不满。1215 年 6 月，在反抗者的强大压力下，约翰王与贵族签下《大宪章》。

对《大宪章》的解读，已经汗牛充栋，其对世界文明影响的评价之高，几乎无出其右。齐延平教授在《自由大宪章研究》中认为，“在英吉利的商船与舰队驶离大西洋水域之前的人类知识说到底都不过是地方性的知识，在英吉利舰队抵达各大洲之前的文明说到底都不过是文明的散片”，“是英吉利民族创造了世界性的文明”，“一个民族的成败显然不在一时物质之繁荣、军事之强大、地位之显赫，而在精神之强健、制度之先进、文化之恒久”。[①] 正是《大宪章》开创的“王在法下”的先例，开辟了人类文明史的新纪元，为英国制度文明贡献赢得世界性声誉。

《大宪章》是人类制度文明岩层中的一块化石。借助对它的分析，可以发现自由保障制度的基因结构及其实现原理。[②]《大宪章》由一个序言和 63 个条文组成，主要包括王在法下、法律至上的精神；确立人权保障精神；确立议会民主精神；体现契约政府精神四大方面的内容。《大宪章》奠定了英国以及整个世界近代以来的宪政基石。其财税方面中最重要的条款是，除封建义务所规定的贡款赋税外，除非得到王国的一致同意，王国内不可征收任何兵役免除税或捐款。这是人类历史上第一次提出“无代表不纳税”原则。《大宪章》表现出与传统税收理论和实践质的区别，是税收治理现代化起航的标志。

---

① 齐延平：《自由大宪章研究》，北京：中国政法大学出版社 2007 年版，第 1 –7页。

② 齐延平：《自由大宪章研究》，北京：中国政法大学出版社 2007 年版，封面 2。

具体而言，对国王财权和税权的限制，共涉及 13 个条文，集中体现在《大宪章》的第 12、14、15 条上。

第 12 条规定：除了支付国王被俘的赎金、国王长子骑士册封费用、长女出嫁费用外，如无全王国一致同意，将不得征收其他任何免服兵役税与贡金；且这些贡金亦须以一次合理的征收为限。伦敦城之贡金，依此办理。

第 14 条规定：国王为了获得在上述三种贡金之外征收贡金或免服兵役税的全王国一致同意，应将加盖印信之召集书分别致送各大主教、主教、修道院院长、伯爵与大男爵及总封臣。召集书应指明时间与地点，并至少应在开会前 40 日送达，且召集书应载明召集缘由。召集之后，征税事务应指定时间，依与会者之公意进行，不得以有人未与会为由阻挠公意之执行。

第 15 条规定：除了传统的三项协助金，国王不得授权任何人向自由人征收协助金，而且这三项只能按合理数额各征收一次。

整个《大宪章》对国王实行税权限制，重要的内容是国王不能任意实施任何针对贵族私有财产的破坏或剥夺行为，任何涉及贵族财产权的破坏或者剥夺行为都必须受到贵族主持的司法裁判程序的合理限制，不经贵族合法裁判的行为无效。[①]《大宪章》具有超越当时历史意义的存在，它居于国王之上，连国王也不得违反。借助《大宪章》这一首开限制王权先河的制度，英国倍增了走出中世纪的力量，逐渐走上议会至上的立宪主义发展道路。有论者认为，凡是民主法治得以有效实施的国家和地域，它们的法律框架都蕴含了《大宪章》的精神内涵。[②]

① 丁艳波：《从财政宪法角度解读〈自由大宪章〉》，《法制与经济》2006 年第 3 期，第 52 页。

② 魏兴荣：《为何纪念〈大宪章〉》，《炎黄春秋》2015 年第 11 期，第 93 页。

因此税收逐渐从传统走向现代。

第三节　税收的历史时间与世界时间

税收治理现代化是整个世界现代化进程的重要组成部分，但其发端早于整个世界的现代化进程。早期的现代化实际上就是社会的转型，而社会转型是两种矢量矛盾斗争的历程，其中时间性对立的力量是现代化与传统性，空间的对立力量是普适性和特殊性。在时间维度上，历史时间被世界时间解构的过程，就是现代化；历史时间的特殊性空间被整合进世界时间的进程，即社会转型。世界时间是历史时间的异化，世界时间的空间化始于1500年左右，经过地理大发现、宗教改革、资产阶级革命、工业革命等，获得理性和进步的精神护照。①

税收从传统向现代转型的过程，被工业化、市民社会建设和有限政府建设三股力量推动，这是税收历史时间的特殊性空间被整合进世界时间的进程。

一、工业化

非西方国家的现代化，狭义上表现为工业化。大多数非西方国家都是从器物层面首先感受到与英美德法等原生形态国家现代化的差距。② 税收从传统向现代转型过程中，除税权被税收法定

---

① 王云龙：《现代化的特殊性道路》，北京：商务印书馆2004年版，第7-17页。

② 从现代化发生学上讲，只有英国才是真正意义上的原生形态现代化国家，美法德等国是在学习借鉴英国的基础上开始了现代化以及工业化进程。但为了区别西方国家与非西方国家现代化，一般把西方发达国家分为一类，称为原生形态现代化国家。

主义控制外，税制从以古老的直接税制为主逐渐过渡到以间接税制为主，再过渡到新型直接税制和间接税制二元并重的税制类型。其中，工业化是其中重要的推动力量。由于历史的局限，工业化模式和路径选择，非西方国家大多在试错的过程中，在付出较大代价的基础上，才把历史时间的特殊性空间整合进世界时间。我国以及一些非西方国家在推进工业化过程中，经历过三次较大发展路径的选择。

（1）关于以农立国模式与以工立国模式的选择。1920—1940 年，我国在知识界发生了中国发展道路之争，具体表现为以农立国与以工立国工业化路径选择上的分歧。这一场争论由章士钊于 1923 年 8 月发表文章《业治与农》引发，到 1934 年 11 月吴景超发表《我们没有歧路》告一段落，这是第一阶段；1940 年 1 月杨开道发表《中国以何立国》引发争论，1940 年 6 月许涤新发表《关于中国以何立国问题》，宣告争论结束。[①] 通过争论，以农立国派落败，工业化的内涵在争论中得到扩展，王亚南认为工业化不是简单的技术问题，而是整个政治经济的问题，更是明确了把工业化提升到中国前途的决定性地位，[②] 有利于把人们从重农抑商的封建经济思想教条中解放出来。[③] 以工立国派从工业化的基本内涵出发，提出优先发展工业尤其是重工业的重要性，但缺乏对重工业发展条件的深入分析，也没有提出具有实际意义的解决

① 聂志红：《民国时期的工业化思想》，济南：山东人民出版社 2009 年版，第 10 页。

② 聂志红：《民国时期的工业化思想》，济南：山东人民出版社 2009 年版，第 16 页。

③ 我国封建经济思想有三大教条：贵义贱利、重本抑末、黜奢崇俭。重本抑末实际表现为重农抑商。

方案。[1] 这是以工立国派在争论中的美中不足之处。

（2）关于计划经济体制模式与市场经济体制模式的选择。计划经济模式是相对后发国家实施赶超战略的重要组成部分。苏联于1928年实行第一个五年计划，1933年、1938年分别实行第二、三个五年计划。斯大林的计划经济模式具有三个特征：高度集中的部门管理体制；指令性的计划经济；以行政手段作为经济的主要管理方法。由于苏联在实行第三个五年计划时，资本主义世界正陷入20世纪30年代的大危机和危机过后的长期萧条，掩盖了斯大林计划经济模式的缺点。苏联利用国家力量推行国家发展计划，始于彼得大帝。苏联优先发展重工业，并形成一套命令经济体制，可能是一种历史延续。[2] 作为一种赶超战略，东欧社会主义国家都曾通过计划经济模式来推进工业化；印度于1947年独立后，借鉴了苏联的做法，在战略性行业实行国营经济，利用计划经济手段调控，而在农业、轻工业等非战略性行业发展私营经济。我国在南京政府推行的统制经济以及从1956年“一化三改造”完成后，直到20世纪70年代末，一直都是借鉴斯大林计划经济模式推进工业化进程。林毅夫教授等对苏联、印度和我国都曾经实行不同程度的计划经济模式的学理解释是，这些国家处于工业化初期和起飞阶段，资本缺乏，而优先发展重工业需要大量的资本，利用计划经济和国营体制，国家可以控制经济剩余进行投资。[3] 但计划经济或命令经济体制要有效率，必须满足两个条件：其一是中央计划制定机关对整个社会的经济活动拥有全部信

① 赵晓雷：《中国工业化思想及其发展战略研究》，上海：上海财经大学出版社2010年版，第47页。

② 萧国亮、隋福民：《世界经济史》，北京：北京大学出版社2007年版，第345页。

③ 参见林毅夫、蔡昉、李周：《中国的奇迹：发展战略与经济改革》，上海：格致出版社2014年版。

息（完全信息假定）；其二是全社会利益一体化，不存在相互分离的利益主体（单一利益主体假定）。① 计划经济体制不能满足上述条件，导致效率低下，因此苏联、中国、印度等国家都放弃了这一体制，转向市场经济体制模式。

（3）关于对进口替代模式与出口导向模式的选择。进口替代战略是指利用本国生产的工业制成品替代国外进口的工业品；出口导向战略是指利用非传统的出口商品，代替传统的初级产品出口，以带动经济持续增长。美国、日本、韩国以及我国的台湾地区在工业化初期，都采取贸易保护主义措施，实施进口替代战略，推进其工业化进程。现在研究者指的进口替代工业化模式与出口导向工业化模式，多指拉美在推进工业化进程中的经验教训。在第二次世界大战后，受依附论理论的影响，拉美国家认为，出口初级产品的出口导向型工业化模式，是发达国家剥削发展中国家的根源，是发展中国家贫困的根源，于是用脱钩的方式来改变不平等的贸易条件，表现在经济发展上，就是以进口替代取代出口导向。利用进口替代战略，1950—1980 年这 30 年间，拉美工业化经历了一个黄金时期，之后该战略失去活力，拉美地区贫富分化严重，出现发展史上的“拉美陷阱”。智利首先在 20 世纪 70 年代末放弃进口替代战略，在经济全球化深化的背景下，重新选择出口导向战略，成为拉美地区率先走出中等收入陷阱的国家。研究表明，进口替代与出口导向在一个国家和地区工业化的不同发展阶段作用不同。在工业化的初始阶段，进口替代的成效较明显，但进入耐用消费品及钢铁、石化等资本密集型中间产品发展阶段，出口导向模式的实绩将超过进口替代战略模式。从

① 吴敬琏：《计划与市场关系的讨论和我国经济体制的取向》，《改革》1991 年第 1 期，第 19－29 页。

进口替代转向出口导向，是因为新建工业是资本和技术比较密集的工业，规模经济要求高，存在节省的单位外汇的国内资源成本比率超过了出口获得单位外汇的国内资源成本比率这种不利的扭曲，且进一步的进口替代还存在缺乏资本和熟练劳动力的情况，出口导向战略却可以吸收非熟练劳动力。① 韩国和我国台湾地区到20世纪60年代在进口替代战略进入第二阶段后，果断放弃进口替代战略，实施出口导向战略，较好地实现了两种发展战略的转换，使经济走上了良性发展之路。一般来说，实施何种战略，取决于一个国家或地区的发展阶段和国际市场环境。

二、市民社会建设

市民社会是指社会成员按照契约性原则，以自愿为前提，以自治为基础进行经济活动、社会活动、文化活动以及议政参政活动的生存生活领域，它是社会成员生活的一部分私域和非官方公域的综合。② 市民社会概念产生于14世纪。直到在17世纪的霍布斯、洛克和18世纪的卢梭、孟德斯鸠等著作中出现，现代意义上的市民社会概念才正式登上历史舞台。市民社会的出现是西欧社会走出中世纪的一个去等级化的过程，在这个过程中，国家与社会出现分离，封建权力垄断一切资源的情形出现分裂，个体身份的依附性逐渐被自由、权利、独立等现代价值取代。近代社会的根本问题是如何理解私人与公民、特殊利益与普遍利益的二

---

① 张幼文：《论进口替代与出口导向战略实绩差异》，《世界经济文汇》1992年第6期，第15－20页。

② 金民卿：《市民社会·市场经济·现代化》，《宁夏党校学报》1999年第4期，第17－22页。

元论，即如何看待个体与普遍之间的关系。[①] 在市民社会演化进程中，对于如何处理社会与国家的关系问题，出现了两种不同的思路。一种是洛克的“社会先于国家论”或“社会优于国家论”，从该理论可以推演出市民社会对抗国家的观点，国家的存在是一种“必要之恶”。另一种是黑格尔的“国家高于社会论”，从这一观点可以推导出国家宰制市民社会的观点，社会处于国家的支配之下。[②] 市民社会产生于西方，但有着超地域、跨文化的普遍意义及价值，其中以市场经济为基础、以契约关系为中介、以尊重和保护社会成员的基本权利为前提等是一切市民社会的共同特征。[③]

强调市民社会的培育和成长，是因为市民社会对一个国家治理的现代化有重大的促进作用。

（1）促进市场经济的发展。原生现代化国家中，没有一个不是以市场经济体制为主的国家；当今发达的国家和地区，也没有一个不是以市场经济体制为主的国家和地区。其中内含的一个重要因素是社会与国家二元分离，社会与国家既对立又统一。而社会从传统的国家分离的过程，实际上就是社会去身份化、去等级化的过程，是个体获得自由和主体性的过程。个体的独立与平等，是市场经济体制发展的先决条件。市场主体基于财产所有权平等所形成的商业交往关系，是以获取利益和金钱为目的、以共生共存的利益相互博弈和竞争为内容的平权关系，相对于中世纪

---

① 韩立新：《从国家到市民社会：马克思思想的重要转变》，《河北学刊》2009 年第 1 期，第 14－24 页。

② 邓正来：《关于“国家与市民社会”框架的反思与批判》，《吉林大学社会科学学报》2006 年第 3 期，第 5－9 页。

③ 赵永伟：《成熟的市民社会》，《广西政法管理干部学院学报》2003 年第 1 期，第 6－11 页。

一切以人身依附为特征，将个人出身作为特定社会地位、特定社会职能的社会关系而言，其对社会发展和文明进步的推动是难以估量的。[①] 市场本身就是市场主体平等的、没有差别的经济规定性，而市民社会中每个人追求私人利益，不知不觉中又在为一切的私人利益服务、为普遍利益服务。

（2）促进法治成长。法治是人类社会的一种制度状况，它以人类的尊严与自由为核心价值，以法律和国家权威机构对某些符合自然正义的原则的遵守为基本特征。法治的主要内容包括对立法权的限制、防止行政权力滥用、对个人和团体的各种权利和自由的正当保护、法律面前人人平等。[②] 经过 17—18 世纪的市民社会革命，英美和欧洲大陆国家相继确立了法治精神，成长为法治传统。[③] 法治与市民社会是天然的盟友。市场交易的起点是对财产权等权利的保护，而这是法治的当然责任。市场经济是市场主体享有为法律所保障的财产权和契约自由权的经济形态。法治蕴含着理性、秩序、正义、自由、安全、人权等丰富的价值内涵。法治的本质规定性，也正是来自市民社会的客观需要。市民社会的基本内涵是经济关系，是私人利益关系，市民社会承载着整个物质生产和人的自身生产的任务，无论是财产权的确认，还是人身权、契约权利的保护，都需要通过保证公平来解决，法治因此获得自身存在的合法性。[④] 市民社会有利于培养具有开拓进取精神、强烈竞争意识、富有契约意识的市场主体，这将为现代法治

---

① 孙天承、秦国荣：《市民社会与市场经济法治的内在逻辑》，《学海》2011 年第 4 期，第 194 – 201 页。

② 郑强：《市民社会与法治》，《外国法评译》2000 年第 4 期，第 93 – 96 页。

③ 马长山：《西方法治产生的深层历史根源、当代挑战及其启示》，《法律科学》2001 年第 6 期，第 3 – 18 页。

④ 郑强：《市民社会与法治》，《外国法评译》2000 年第 4 期，第 93 – 96 页。

社会的实现提供最为坚实的社会基础。

（3）限制政府权力的任性妄为。市民社会逐渐发育，并形成不同的社会力量，对有效防止国家权力滥用起到有效制约作用。在洛克的理论中，社会先于国家，如果国家违反契约、侵犯人民利益，人民可以凭借恢复自然权利的诉求来推翻国家的统治。近几十年来市民社会理论在全球复兴的重要原因，其一是 19 世纪末至 20 世纪中叶流行的国家主义不断侵吞市民社会，因此，人们需要重新求助于市民社会理论，力求通过市民社会的重塑，重构国家与社会的良性关系；其二是包括苏联在内的东欧国家为摆脱集权式统治而进行的社会转型。① 美国学者巴林顿·摩尔在《民主与专制的社会起源》一书中，论述了市民社会成熟度对政治的影响。通过比较，作者发现英国的市民社会发展程度比法国的成熟，英国传统的贵族和农民在商业化过程中消失殆尽，而法国的传统贵族和农民在大革命前仍大量存在，导致法国的社会转型付出比英国更为沉重的代价。② 另外，在高度政治化的社会中，几乎所有领域都是政治领域，政治系统面临巨大压力。市民社会的发展，政治系统的大量事物可社会化，大量矛盾的化解转到社会领域，政治系统在减轻压力的同时，也降低了社会个体对国家机器的对抗程度，进而有效降低了整个社会的治理成本。

三、有限政府建设

有限政府是在 17—19 世纪自由资本主义时期中占主导地位

---

① 邓正来：《关于“国家与市民社会”框架的反思与批判》，《吉林大学社会科学学报》2006 年第 3 期，第 5 - 9 页。

② 转引自赵永伟：《成熟的市民社会》，《广西政法管理干部学院学报》2003 年第 1 期，第 6 - 11 页。

的政府理念,[①] 是指在权力、行为方式、职能规模上都受到宪法和法律严格约束和限制的政府。[②] 在洛克等思想家看来，政府的存在是必要之恶；制度经济学家诺斯等通过经济史的研究，认为国家的存在是经济增长的关键，国家也是人为经济衰退的根源，这就是著名的“诺斯悖论”。[③] 1929 年世界性经济危机后，凯恩斯主义经济学盛行，政府过多干预市场经济运行，导致巨额政府赤字及持续的通货膨胀。发生经济危机，是典型的市场失灵；巨额政府赤字及持续的通货膨胀，一定程度上是政府失败。20 世纪 40 年代兴起的公共选择理论，深入分析了政府失败的原因，对政府职能的扩张保持高度警惕，建议运用公共预算制度等手段限制政府职能扩张的内在冲动。公共选择理论和新自由主义等政策主张，很大程度上影响了英国首相撒切尔夫人、美国里根政府的施政思路，带动 20 世纪 70 年代末和整个 80 年代西方发达国家掀起一股私有化浪潮。西方国家还利用有限政府理论批评福利制度，影响了西方国家福利制度的改革。西方福利制度的改革过程，实际上就是一个不断打破福利津贴“大锅饭”的过程，使社会保障“再商品化”，促进了“从福利到工作”的转变。

随着市场化进程的拓展，我国发生了两次较大的有关有限政府的争论。第一次较大的争论发生在 2000 年左右。韩冬雪、张

① 政府概念有广义和狭义之分，狭义概念多指国家行政机关，广义概念多包括立法机关、行政机关、司法机关等，与国家概念同义。本处论述的有限政府与广义概念同义。

② 蒋永甫、谢舜：《有限政府、有为政府与有效政府》，《学习与探索》2008 年第 5 期，第 73 页。

③ 诺斯悖论是诺斯在 1981 年提出的，是指一个能促进经济持续快速增长的有效率的产权制度依赖于国家对产权进行有效的界定与保护，但国家在界定与保护产权过程中受交易费用和竞争的双重约束，会对不同的利益集团采取歧视性的政策，容忍低效率产权结构的长期存在，从而导致经济衰退。

中祥等学者反对引入有限政府理念，认为有限政府理念强调个人权利至高无上、严格限制国家活动范围，是西方国家特定历史阶段的产物，不适合我国国情，应予以否定。[①] 赵汀阳、刘军宁、张曙光等学者支持有限政府论，认为我国建立市场经济最大的挑战就是能否坚持有限政府理念，把有限政府理解为无政府主义是常识上的错误，有限政府是法治的要求，宪法和法律是行使国家权力的依据，宪法和法律规定了公共权力行使的边界。[②] 第二次较大的争论发生在 2016 年。由林毅夫和张维迎两位北京大学教授围绕产业政策的有效性发起。林毅夫教授利用他提出的新结构主义经济学，着力论证产业政策的有效性，为政府干预经济提供理论支撑。张维迎教授认为政府官员并不比企业家聪明，了解的市场信息也不比企业家多，政府制定产业政策不可能比分散化的企业家决策更可取。张维迎教授甚至认为产业政策实质上就是计划经济。[③] 田国强教授、文贯中教授等随之加入这场论战，都不是很支持林毅夫教授的观点。[④] 这一论战目前还在进行，不管结果如何，对深化后发型、实施赶超战略的经济体的政府职能的认识，都将大有裨益。

在世界体系下，一个国家和地区的现代化，都将遇到工业化

---

① 参见韩冬雪：《超越自由主义的政治理念》，《中国行政管理》2000 年第 9 期；张中祥：《从有限政府到有效政府：价值 · 过程 · 结果》，《南京社会科学》2001 年第 3 期。

② 参见赵汀阳、刘军宁等：《学问中国》，南昌：江西教育出版社 1998 年版；张曙光：《个人权利和国家权力》，刘军宁等编：《市场逻辑与国家观念》，上海：上海三联书店 1995 年版。

③ 林张之争可参见新浪、网易等大型门户网站，如 http：//finance. sina. com. cn/zl/stock/2016 –09 –29/zl – ifxwkzyh3815856. shtml。访问时间：2016 年 10 月 29 日。

④ 参见田国强：《对当前中国改革及平稳转型意义重大的三个问题》，《第一财经日报》，2016 年 10 月 24 日；文贯中：《中国的市场化不是过了，而是十分不足》，《第一财经日报》，2016 年 10 月 26 日。

路径选择、市民社会建设、不同发展阶段政府职能边界等常说常新的问题。不管怎样，税收职能作用都将嵌入上述战略性选择。内生于国家现代化的税收治理现代化，同样不能回避。这一税收历史时间的特殊性空间将被整合进世界时间的进程之中，我国也不例外。

第二章　税收治理现代化的宏观视野：控制权力

税收是我们为文明社会所支付的对价。税收问题是观察社会与制度变迁的窗口。马克思在《对民主主义者莱茵区域委员会的审判》中指出，使查理一世上了断头台的英国革命就是从拒绝纳税开始的；以宣布北美脱离英国而独立告终的北美革命也是从拒绝纳税开始的。[①] 罪刑法定主义和税收法定主义，是人类社会在演进过程中，对权力约束最重要的制度创新，对人类自身走出"人对人"战争的困境发挥了不可低估的历史作用。可以说，税收法定主义是现代宪政之母，是把权力关进制度笼子的最伟大的人类发明之一。

第一节　为什么是税收法定主义

一、税收法定主义的由来

1. 税收法定主义的历史渊源与发展阶段

税收法定主义是一项重要的法律原则。一般认为，现代法治中的依法行政、法律保留、法律优位等原则，都源自税收法定主

---

① 中共中央马克思恩格斯列宁斯大林著作编译局编译：《马克思恩格斯全集》（第六卷），北京：人民出版社1961年版，第304页。

义的基本精神。[①] 在税收法定主义演进过程中，英国、法国和美国的实践都充实和丰富了其内容。

英国的税收法定主义。1215 年约翰王与贵族签下的《大宪章》，是人类历史上第一次以宪法性文件的形式限制王权。后几经反复，在制税权方面，1295 年的模范议会召开，议会批准征税的权力正式确立；在用税权方面，议会规定税款主要用作战争经费，以免被挪为他作，如 1348 年、1353 年议会都做了特别批准，指定税款具体用途，王室的消费主要依靠王领收入；在税收审计权方面，到 14 世纪已由国王转为议会，1379 年，御前会议责令将王室账目提交议会审查，审计人员的任命权也由此转归议会，议会牢牢地控制了税收的审计权。[②] 英国于 1688 年“光荣革命”后制定的《权利法案》，再次重申议会开征赋税的权力和全面审查政府对赋税的开支的权力。税收是代议制之母。经过 600 多年历史的洗礼，英国创设了税收法定主义这一宪政机制，为人类文明特别是政治文明作出了重大贡献。

美国的税收法定主义。税和抗税构成美国诞生的要素。美国的税收法定主义发展分为两个阶段。第一阶段是“无代表且无税”的提出。受英国资产阶级革命及其确立的宪政思想影响，美国于 1775 年爆发独立战争，反对英国强加给北美殖民地人民的《糖税法》《印花税法》和《汤森税法》，认为英国制定的这些税法，没有北美殖民地人民代表参加，违反了“无代表且无税”原则。第二阶段是赋予联邦政府课税权。独立革命胜利后，北美殖民地成立的是邦联政府，没有赋予国会征税权，而是将征税权交由州政府。后在镇压农民起义中，认识到弱邦联政府不利于美国

① 刘剑文、熊伟：《税法基础理论》，北京：北京大学出版社 2004 年版，第 100 页。

② 刘伟、刘鹏：《试论〈自由大宪章〉对国民权利的构建》，《经济研究导刊》2010 年第 35 期，第 222 – 223 页。

的长治久安，1787 年通过的《美国宪法》及其修正案，授予联邦议会课税权。[①] 美国税收法定主义形成过程中的一个重要教训，是过度控制中央政府的课税权，将严重削弱中央政府的国家治理能力。在美国财政宪法形成过程中，联邦党人秉持国家主义理念，培养了国家的财政汲取能力，对涣散的邦联财政起到纠偏作用，而共和党人基于对自由的信念，打造了对已经形成的国家财政能力的宪法制约机制，[②] 在国家财政汲取能力与公民私有财产保护方面取得较好平衡。

法国的税收法定主义。法国在资产阶级革命胜利后，通过《人权宣言》，确立了“无代表且无税”的税收法定原则，把课税权赋予议会，并且还提出公平负担和合理使用原则。如《人权宣言》第 13 条规定，“赋税应在全体公民之间按其能力作平等的分摊”；第 14 条规定，“所有公民都有权亲身或由其代表来确定赋税的必要性，自由地加以认可，注意其用途，决定税额、税率、客体、征收方式和时期”。法国的《人权宣言》相比英国的《大宪章》，实现了新的超越，《人权宣言》以明确的解释性语言界定了税收法定主义，使税收法定主义实现了从思想到制度的飞跃。[③]

税收法定主义经过不断的演进，成为税收原则中的帝王条款，统领税法。从 1215 年《大宪章》至今，税收法定主义已经

---

① 对美国建国初期如何建立中央相对集权的中央政府，以保证政治统一的相关争鸣，参见汉密尔顿、杰伊、麦迪逊著，程逢如、在汉、舒逊译：《联邦党人文集》，北京：商务印书馆 1980 年版。

② 郑戈：《美国财政宪法的诞生》，《华东政法大学学报》2015 年第 3 期，第 22－38 页。

③ 英国、美国、法国的税收法定主义相关资料，主要引自刘剑文、熊伟：《税法基础理论》，北京：北京大学出版社 2004 年版；李建人：《英国税收法律主义的历史渊源》，北京：法律出版社 2012 年版；崔皓旭：《宪政维度下的税收研究》，北京：知识产权出版社 2010 年版。

经历三个不同的发展阶段：第一阶段是形式意义上的税收法定主义，包括三个子原则，即课税要素法定原则、课税要素明确原则、税务合法性原则，由此衍生出溯及力禁止原则和类推适用及其他法律补充禁止原则。这些原则确立了税收民主主义原则，因法的安定性增强使纳税人的税收预期更加明确。第二阶段是实质意义上的税收法定主义，重点表现为量能课税原则、比例原则、人权保障原则在税收制度中的引入。如果说第一阶段主要是对行政权滥用进行约束，那么第二阶段主要是对立法权滥用进行防止和约束，体现出税收的实质正义。第三阶段是财税法定主义阶段，主要特征是把征税权、用税权、审计权进行一体化考量，把税收国家发展为预算国家和绩效国家。①

2. 税收法定主义的中国实践

税收法定主义在我国的实践，可分为三个时期。

（1）税收法定主义的传播时期（1840—1991）。近代以来，我国的历史时间与世界时间逐渐并轨，传统的税收思想向现代税收思想转型。在传统税收思想向现代税收思想转型过程中，我国主要学习借鉴西方特别是日本的税收思想，② 介绍的重点是税种的现代化、中央与地方税权的划分和税收法定主义三个方面的内容。税种的现代化主要是围绕如何提高直接税比重，如何裁厘并税，如何实现减税自主。这一时期值得称道的是，严复、袁世凯等开始关注税收法定主义，认为西方国家虽税负重，但民怨少，

---

① 丁一：《税收法定主义发展之三阶段》，《国际税收》2014 年第 5 期，第 14 - 19 页。

② 西方税收思想在我国传播过程中，至迟在晚清就在大量译介有影响力的著作，其中《大宪章》至少有四个中文译本，对晚清的人权思想、立宪政治以及宪法学说产生了重要影响。参见程梦婧：《〈大宪章〉在晚清中国的传播》，《清华法学》2016 年第 2 期，第 115 - 130 页。

是因为“事事核实，推诚布公，故重于民而民不怨，多为之民而不扰”[①]。1949年前，我国虽历经洋务运动、辛亥革命、北洋政府、南京政府等不同时期，但由于战争频仍，税收法定主义没有成长的制度土壤；1953年至1978年，因计划经济的实行，税收的作用下降，税收法定主义无用武之地。至1992年《税收征收管理法》出台前，我国没有实施过真正意义上的税收法定主义。近代以来税收法定主义在我国的传播，仅具有思想史和启蒙的作用与意义。

（2）税收征收法定主义时期（1992—1999）。1992年第七届全国人大常委会通过的《税收征收管理法》及其2001年、2013年的两次修订，使我国进入税收征收法定主义阶段。该法第二条明确规定，税收的开征、停征以及减税、免税、退税、补税，依照法律的规定执行；法律授权国务院规定的，依照国务院行政法规的规定执行。任何机关、单位和个人不得违反法律、行政法规的规定，擅自作出税收开征、停征以及减税、免税、退税、补税和其他同税收法律、行政法规相抵触的决定。《税收征收管理法》的出台，在一定程度上遏制住了当时地方政府恶性的税收竞争，正在发展壮大的民营经济的税收预期日趋稳定。但该法的历史局限性也相当明显：只适用于税务部门征收环节及其征收的税种，范围窄；没有体现在立法环节，税种立法的民主性不够；授权立法时间和范围不明确，为行政部门长期制定税法留下太大的自由裁量空间。

（3）税收法律主义时期（2000—）。2000年，我国制定并颁布的《立法法》，坚持财税领域的法律保留原则。《立法法》第8

---

① 转引自付志宇：《近代中国税收现代化进程的思想史考察》，成都：西南财经大学出版社2010年版，第96页。

条、第9条对法律保留的范围进行了正列举，税法的制定属于法律保留的范围。2013年十八届三中全会通过的《关于全面深化改革若干重大问题的决定》，提出要落实税收法定原则；2014年十八届四中全会通过的《关于全面推进依法治国若干重大问题的决定》，将财政税收作为重点领域的立法任务。2015年修订《立法法》过程中，两次重申税收法定原则，其第8条修改为"税种的设立、税率的确定和税收征收管理制度等税收基本制度"，只能制定法律。修订后的《立法法》条文与修订前相比，最大的不同就是修订的条文对税收基本制定进行了限定，避免国务院以及税收征收职能部门对税收基本制度进行缩小解释，从立法上确定了"无代表不纳税"的税收法定原则。这是我国税收治理现代化进程中的里程碑事件，对国家治理现代化的促进作用在未来一个时期将进一步凸显。结合2013年中央深改组通过的《深化财税体制改革总体方案》设定的财税制度改革路线图和时间表，我国的主要税种立法将在2020年前告别行政法规时代。同时，随着形式意义上税收法定主义问题的解决和新预算法的实施，税收的开征和使用的一体化监督格局基本形成，税收法定主义将进一步从法律保留提升到宪法保障高度。

经过一百多年几代人的不懈努力，税收法定主义在我国从思想上升为制度，从理论转化为实践，成为朝野共识，得到国家的承认和肯定，来之不易。[①] 而税收法定主义从什么时候成为制度，理论界还有争论。一些学者认为我国宪法第56条规定"公民有依照法律纳税的义务"，就是典型的税收法定主义；另有一些学

① 对在我国实行税收法定主义，绝大多数学者都持肯定态度，但王家林等个别学者认为税收法定主义不适合中国的国情，或者应对税收法定主义作超越法律保留原则意义的广义的解释。参见王家林：《"税收法定主义"观不符合中国国情》，《中国财政》2012年第1期，第74页。

者认为，该条文之法律，非特指狭义上的法律，没有解决税收构成要件的创设主体问题，不足以成为税收法定主义的宪法依据。①

从实践层面看，落实税收法定主义，我国可能还有很长的路要走。有学者分析，目前我国税收法律的供给明显不足，以 50 多部行政法规和超过 5 500 部税收通告替代；税收法律的操作性不强，税收通告、批复或决定成为变相的立法；税收法律的执法状况不佳，恶性税收竞争、选择性执法在一定范围内存在。究其原因，是广义的法律界定、保守的立法策略、改革的唯效率论影响所致。该学者认为要落实税收法定主义，可分三步走：从无法到有法，解决税收法律供给不足问题；从有法到良法，约束立法权，提高立法质量，嵌入税收正义，增强税法的可操作性；从良法到善治，促进国家治理能力和治理体系现代化。②

二、税收法定主义如何控制权力

税收法定主义在历史演进中，不断被赋予新的历史使命，并被提升至税收的基本原则。对税收法定主义的认识，也是一个由浅入深的过程，其内容不断丰富和充实。如何通过税收法定主义控制权力，虽没有统一的表述，但共识基本一致，日本和我国台湾学者，以及我国大陆学者刘剑文、张守文、熊伟、施正文等的论文、专著和财税法方面的教材可以看到这一点。税收法定主义主要以三个子原则来控制国家权力，防止国家成为“利维坦”。③

1. 通过税收要素法定原则控制权力

这是税收法定主义的内核。税收要素法定原则要求对纳税

---

① 熊伟：《重申税收法定主义》，《法学杂志》2014 年第 2 期，第 25 页。

② 刘剑文：《落实税收法定主义原则的现实路径》，《政法论坛》2015 年第 3 期，第 14－25 页。

③ 利维坦在《圣经》中是象征邪恶的一种海怪。

人、征税对象、计税依据、税收优惠等税收要素严格贯彻法律保留原则，相关法律条文只能由立法机关规定，其他任何主体不能分享该项权力。我国1984年第六届全国人大常委会根据国务院的建议，决定授权国务院在实施国营企业利改税和改革工商税制过程中，拟定有关税收条例，以草案形式发布实行，再根据试行的经验加以修订，提请全国人民代表大会常务委员会审议。1985年第六届全国人大三次会议决定，授权国务院对有关经济体制改革和对外开放方面的问题，必要时可以根据宪法，在同有关法律和全国人大及其常委会的有关决定的基本原则不相抵触的前提下，制定暂行的规定或者条例，颁布实施，并报全国人大常委会备案。现行的税法，除《税收征收管理法》《企业所得税法》《个人所得税法》《车船税法》和《环境保护税法》是由全国人大及其常委会制定之外，其他的都是国务院根据1984年、1985年的授权规定制定。① 随着税收法定主义传播的深入，在税收立法领域的授权规定遭到越来越多的诟病。

2. 通过税收要素明确原则控制权力

这是税收法定主义的关键。税收要素明确原则要求税收各要素概念界定准确、清晰，尽可能避免一般性规定和笼统规定，最大限度地限制行政自由裁量权对税法的解释，进而扩大税法适用范围。2015年全国人大十二届三次会议审议《立法法》修正案期间，三审稿将二审稿中“税种、纳税人、征税对象、计税依据、税率和税收征收管理的基本制度”要制定法律，简化为“税种的开征、停征和税收征收管理的基本制度”要制定法律，引起全国人大代表的高度关注，要求改回二审稿的表述。正式通过的《立法法》修正案，有关税收要素明确的规定为“税种的设立、税率

① 1984年的授权规定已于2009年废止，1985年的授权规定仍然有效。

的确定和税收征管等税收基本制度”要制定法律，税率法定重新回到《立法法》中的法律保留条款。这是纳税人与政府在税收立法上进行的生动博弈，并在此过程中以税率法定限制了国务院和地方政府的税率设定权。

3. 通过税收征收程序合法原则控制权力

该原则要求税收征收机关必须严格按法定税收要素和法定程序征收税款，这在我国的税收征收管理法第二条得到较好体现。没有法律规定，税收征收机关不得减税、免税、退税和补税。该项原则适用的例外情况是：第一，对纳税人有利的减免税行政先例成立时适用行政先例；第二，有利于纳税人的解释，对相同条件的纳税人都应适用；第三，承认诚实信用原则和禁止反言法理。[①] 禁止反言法理曾是普通法的刑诉原则，后被引入行政法领域，其含义是行政机关一经作出某一行为，特别是赋予行政相对人一定权益的行为，其后不得任意变更，即使这种行为违法或对行政机关造成某种利益损失。[②]

对税收法定主义的认识，正呈狭义和广义两种理解路径进展。对国家征税权的限制方面，多从狭义上理解，严格遵循法律保留原则，确保公民私有财产的安定性；对税款使用的限制方面，多从广义上理解，把政府收入理解为税收，从征收到使用全过程都受到民主主义的监督。从税收征收法定上讲，国家为税收国家；从税收使用法定上讲，国家是预算国家；从税收使用过程中效率的监督上讲，国家是绩效国家。当前，我国预算制度已进入全口径预算阶段，在迈入预算国家的同时，一些地方政府已经

---

① 刘剑文：《财税法——原理、案例与材料》，北京：北京大学出版社 2015 年版，第 172 页。

② 《论依赖保护对法律冲突适用规则的衡平》，江苏法院网。访问时间：2016 年 10 月 14 日。

启动预算监督程序，开始运用绩效评价工具，评估财政资金的使用效率问题，税款使用法定主义又迈出新的步伐。如广东省人大常委会连续三年委托第三方独立评估机构，对政府的重大项目进行绩效评估，通过科学化、标准化、程序化的方法评估重大项目在实施过程中的进展、成效和存在的问题，及时调整和修正重大项目立项时没有预见到的情形，提高财政资金的使用效率，在社会上引起较好反响。①

三、税收法定主义与实质课税原则的协调

税收法定主义注重税收法律的形式理性，但经济社会发展一般都会快于税收法律的立改废，因此可能出现税收规避问题。税收规避产生于私法意思自治与税法形式理性的矛盾。② 由税收公平原则可以推导出实质课税原则。实质课税原则又叫经济观察法，1919 年德国的《帝国税收通则》明确规定了经济观察法，后被日本等国家借鉴吸收。我国的《税收征收管理法》《企业所得税法》等税收程序法和税收实体法等都规定了经济观察法。《外商投资企业和外国企业所得税法》第 13 条，③《税收征收管理法》第 35 条第六项和第 36 条，实际上是经济观察法的立法例；2007 年修订的《企业所得税法》，专辟纳税调整一章，从第 41 条到第 48 条共 8 个条文，赋予税收征管机关运用实质课税原则，防止纳税人出现规避税法行为。

---

① 笔者以省人大代表身份或专家身份连续两年参加了广东省人大常委会组织的绩效评估调研和验收工作，认为绩效评估制度有利于提高财政资金的使用效率，避免财政资金的浪费，同时，对优化政府决策也有较大益处。

② 刘剑文、熊伟：《税法基础理论》，北京：北京大学出版社 2004 年版，第 153 页。

③ 《外商投资企业和外国企业所得税法》已于 2008 年 1 月 1 日废止。

实质课税原则等于赋予税收征收机关类推适用、目的性扩张等税法漏洞补充的权力，一旦运用不当，将损害纳税人的财产权益。德国在纳粹期间，就曾滥用过该原则，造成非常恶劣的影响。自实质课税原则问世以来，学界争论不断。有的认为该项原则仅是立法原则，不能成为贯穿税收立法、执法、司法整个环节的原则，有的认为其主要应用于执法环节。

我国同样遇到税收法定主义与实质课税原则的冲突。如影响较大的“德发公司税案”。其基本案情是：广州德发房产建设有限公司于2004年通过拍卖方式以1.3亿港元的价格将广州市天河区的房产卖给唯一竞拍人，广州市地方税务局第一稽查局认为该成交价格明显低于市场价格，且无正当理由，对其进行推定课税，以市场价格为计税依据要求该公司补缴税款及滞纳金共计一千余万元。该公司对该稽查局作出的处理决定、税务机关的行政复议决定、人民法院的第一和第二审判决不服，坚持申请再审，最高人民法院提审该案，从而引发税务界和法学界人士的广泛关注。该案讨论的焦点主要集中在三个方面：衡量“计税依据明显偏低”的标准及“无正当理由”的具体依据；税务机关行使推定课税权力的程序；推定课税对民事权利的影响。[①] 无论该案提审结果如何，都将对税收法定主义与实质课税原则的协调产生深远影响。[②]

就税收法定主义的发展和演进而言，由于社会生活的发展变化较快，人的有限理性无法预测将来发生的事情，税收法定主义

---

① 廖仕梅：《从民法视角探析推定课税——基于“最高人民法院提审广州德发公司案例”分析》，《地方财政研究》2015年第10期，第15－29页。

② 2016年4月7日，最高人民法院下发再审行政判决书，以部分撤销方式结案，撤销税务部门关于查补营业税和堤围费加收的滞纳金。

正从绝对税收法定主义向相对税收法定主义转型。[1] 绝对法定主义相当于制度经济学家研究的古典契约理论。古典契约的特征是完全性和事先规定性，与经济学理想的市场交易完全一致。相对法定主义相当于新古典契约和关系契约。因为现实世界复杂多变，面对不确定性，完全的事先规定即使可能，交易成本也非常高昂，因此，在契约中存在缺口时，出现了一系列过程和技术，契约的缔结者利用这些过程和技术创造的灵活性，以解决契约的僵化和存在的缺口问题。[2] 税法的实质课税原则，实际上就是为弥补税收法定主义的僵化而产生的，纳税调整制度，是实质课税原则的“过程和技术”。

现实情况远比税法原则和具体条文复杂。针对各种税收规避行为的效力判断问题，出现了有效说和无效说两种针锋相对的观点。一些学者以及德国、加拿大等国家认为避税行为有效，另一些学者以及美国、英国等国家认为税收规避行为无效。但不管是有效说还是无效说，在具体的税收执法过程中，各国对税收规避行为的态度几乎一致，即如果纳税主体有税收规避行为，并获得所得，税务行政部门将对该所得进行调整。其中的悖论是，如果税收规避行为有效，为什么税务部门能对私有财产进行“合法侵犯”；如果无效，为什么又不能像针对偷税行为一样进行处罚。持有效说的，坚持的是绝对税收法定主义和纳税人中心主义的立场；持无效说的，坚持的是相对法定主义和国家中心主义的立场。实际上，如何面对税收规避行为，就是如何承担不确定性带来的风险，纳税人中心主义者是让国家承担全部风险；国家中心

① 张学博：《税收法定原则新论：从绝对主义到相对主义》，《上海财经大学学报》2016 年第 8 期，第 108 – 118 页。

② 向景：《国有企业内部人控制问题研究》，广州：暨南大学出版社 2008 年版，第 153 – 154 页。

主义者是让纳税人承担全部风险。换一个角度思考，从社会本位考量，如果把税收规避行为性质认定为可撤销性法律行为，让国家与纳税人共担不确定性风险，更为合理。可撤销性法律行为的特征是：①在撤销前已经发生效力，未经撤销，其效力不会消失。②可撤销性法律行为效力的消失，以撤销为条件，非经撤销权人不得主张消灭其效力。③可撤销行为一经撤销，其效力溯及行为的开始。④撤销权是一种形成权，是单方面行为，除了行使后消失外，还受除斥期间的限制。因为在未行使撤销权前，虽然该行为有效，但随时都可能被撤销，对纳税人极为不利，会助长国家的机会主义行为，不利于对公民私人财产权的保护。[①]

为平衡国家财政权与私人财产权、税法与私法的关系，协调税收法定主义与实质课税原则的关系，应着眼于三个方面：①税收法定主义是贯穿税收立法、执法和司法的基本原则，实质课税原则主要限于税收立法环节，并服从税收法定主义。课税要件的决定应由立法者确定，不能以实质课税原则来补充课税要件或课税要件的欠缺；②实质课税原则应体现在税法的个别条款上，慎用一般性条款，避免行政权对私法的任意突破，保障税法的安定性和纳税人的理性预期；[②] ③司法权应参与税法解释，以案例形式引导和规范实质课税原则的运用，在一定程度上约束行政权过大的自由裁量权。

2008 年 1 月，国家税务总局颁布《特别纳税调整实施办法（施行）》，在第十章“一般反避税管理”中明确规定了一般反避税的适用条件，规定一般反避税调查及调整须呈报国家税务总局

---

① 向景：《避税行为的效力分析》，《外国经济与管理》2001 年第 11 期，第31－33 页。

② 刘剑文：《财税法专题研究》（第三版），北京：北京大学出版社 2015 年版，第 202 页。

批准，从中管窥到国家税务总局对适用一般反避税规定即实质课税原则的慎重态度。有学者认为，该特别纳税调整实施办法缺乏被调查企业的参与，这并不公平，从健全完善该制度入手，应建立正当程序制度、举证责任制度、告知和说明制度、申辩和听证制度等，以防止税务行政部门滥用特别纳税调整权。①

四、税收法定主义与税收调控的协调

保持经济平稳运行，是现代国家的职责。市场和价格机制在配置资源方面的相对滞后性，为国家利用宏观调控手段干预经济提供了正当性。凯恩斯主义等一些经济学流派甚至认为，市场出清只是特例，有效需求不足才是常态，需要进行宏观调控，利用需求理论解决市场出清的问题。虽然 20 世纪 70 年代末 80 年代初，政府的普遍干预导致西方发达国家经济出现滞胀局面，进而出现以放松政府管制为重点的私有化运动，但政府对经济各领域的干预仍随处可见。

从法治的角度讲，宏观调控包括合法的宏观调控和不合法的宏观调控。税收除具有组织收入职能外，当然也具有宏观调控的职能。在 2008 年国际经济金融危机扩散的过程中，我国中央政府推出的 4 万亿扩大内需计划，受到一定程度的质疑，其中受批评较多的是，谁有权力决定宏观调控。这对宏观调控法定提出新的课题。当前，社会各界不是要否定宏观调控的必要性，而是普遍关心如何把宏观调控纳入法治轨道，主要表现在两个方面：税收调控如何落实税收法定主义，结构性减税中的减税权配置。

---

① 张婉苏、卢庆亮：《特别纳税调整“一般条款”之法律解读》，《苏州大学学报》（哲学社会科学版）2010 年第 4 期，第 77 – 81 页。

1. 税收调控与税收法定主义的相容性问题

有专家认为，税收调控通过税收政策变动，调整税率、税目、税基和税收优惠政策等，将增加或减轻纳税人的负担，税收法定又要求课税要素法定和明确，如需要变动，应启动修法程序。宏观调控的相机性、易变性，与税收法定原则存在内在的紧张和冲突。我国中央部委在相机抉择利用税收手段实施宏观调控时，出台的规范性文件一般只加上“经国务院同意”字样，就在全国或部分地区实行。这些政策谈不上是严格意义上的部门规章，也不是法律意义上的行政法规，更谈不上是狭义上的法律。这些没有正式法律渊源地位的一般性规范性文件，实际上扮演着税收立法的角色，是对税收立法权的僭越。[①] 如 2011 年重庆和上海以调控房价为名，其地方政府相继出台征收房产税的新政策，扩大了房产税的征收范围，等于立了一部新法，该做法受到法学界的一致批评。政府对市场经济主体的一项根本性承诺是：对任何合法财产的合法剥夺，都必须建立在合法基础上。[②] 为缓解税收调控的相机性和税收法定主义确定性之间的内在冲突，可在税种立法中，适当设置法条授权条款，以因应税收调控灵活性的需要。法条授权条款与特别授权条款的区别是，前者针对的是一般问题，后者针对的是具体的个别问题。我国《企业所得税法》《个人所得税法》《车船税法》等都设定了法条授权条款。设置法条授权条款，除接受税收公平原则的约束外，还应明确授权范围、设定日落条款、保留授权机关的审批权和否决权，以防止被

① 刘桂清：《税收调控中落实税收法定原则的正当理由和法条授权立法路径新探》，《税务研究》2015 年第 3 期，第 84 – 87 页。

② 陈亮：《论税收立法中的税收法定主义》，《东方法学》2012 年第 5 期，第 159 页。

授权机关滥用法权授权条款。①

2. 结构性减税中的减税权问题

自2012年营业税改征增值税以来，结构性减税成为研究热点。对结构性减税的理解，有总体税负减轻说和总体税负稳定说两种。总体税负减轻说认为，结构性减税就是通过税收负担的结构性调整以减轻社会的整体性税收负担；总体税收负担稳定说认为，结构性减税是有增有减的，减轻的是间接税，应为增加直接税负担预留空间。不管哪种观点，都存在减税权的配置和行使问题。从现行《税收征收管理法》第3条规定看，减税权只能在法律层面，或者在法律授权的行政法规层面，部门规章和地方政府法规，都不是减税权的依据或法律渊源，国务院部委也不能担当减税权的主体。结构性减税是我国应对经济增速换挡、提高经济国际竞争力的重大制度安排，应正视实践中超越法律减税权行使过程中存在的问题，同时强调减税权的法定性，在依法治国的前提下，重申法律的不可替代性。②

第二节　税权配置与我国地方税体系构建

一、税权配置理论与我国税权配置的"中国咒"

控制税权的制度安排是税权配置的重点。税权是国家机关行使的涉及税收权力的总称，包括税收立法权、税收征管权、税收

① 刘桂清：《税收调控中落实税收法定原则的正当理由和法条授权立法路径新探》，《税务研究》2015年第3期，第84-87页。

② 张守文：《"结构性减税"中的减税权问题》，《中国法学》2013年第5期，第52-64页。

收益权、税收司法权。[①] 其中，税收征管权和税收收益权是税权配置的核心，国家的税权配置主要围绕这两个权能展开。税权的配置方面，主要有两组关系需要协调：一是国家与公民间的税权关系，在现代国家，以有限政府理论和税收法定主义理论为支撑，限制国家的征税权和用税权；二是国家机构间的关系，既包括税权在立法、行政、司法等国家机关的横向配置，也包括税权在中央与地方的纵向配置。研究税权配置的大多数理论，主要着重税权的纵向配置。

1. 税权配置的主要理论及评价

税权配置关涉国家的治乱循环，理论界已经从公共品的供给入手，对税权的配置进行多角度的研究。法学、经济学和政治学等学科领域的研究成果最为丰硕。对税权配置研究最为深入的，当属经济学的研究成果。税权的配置研究，起点是对公共品内涵的理解。1954 年，萨缪尔森在《经济学与统计评论》刊物上发表的《公共支出纯理论》，才对公共品给出严格的定义：纯粹的公共品是指这样的物品，即每个个人消费这种物品，不会导致别人对该物品消费的减少。根据这一定义，公共品有三个显著特征：消费的非排他性，消费的非竞争性，消费的外部性。萨缪尔森对公共品的定义，包含的重要经济思想在于，与私人物品相比，公共品具有特定的技术性质和物理性质，也隐含了公共品中央与地方分级提供的思想。

为提高公共品的供给效率和质量，西方国家的经济学家多研究纵向税权配置，并形成了一些代表性理论，对此国内学者都有比较详细的介绍，有的总结为税权配置的五种理论流派，[②] 有的

① 吕冰洋：《税收分权研究》，北京：中国人民大学出版社 2011 年版，第 2 - 3 页。

② 平新乔：《财政原理与比较财政制度》，上海：上海三联书店、上海人民出版社 1995 年版，第 356 页。

总结为六种理论流派。[①] 税权的配置理论，主要有以下几种学说：

（1）施蒂格勒的最优分权理论。该理论认为，与中央政府相比，地方政府更接近自己的公众，并且，从民主性而言，不同层级的人民有权对公共品的种类和数量进行投票决定。当然，中央政府在涉及资源配置、收入分配、防止地方恶性竞争方面的优势明显。[②]

（2）奥茨的分权理论。奥茨于 1972 年出版的《财政联邦主义》中，为地方政府存在的合理性作出了论证。

（3）塞利格曼的三原则论。塞氏认为，中央与地方税权的配置，应遵循效率、匹配、恰当三个原则。这实际上是从行政效率上理解税权的纵向配置。

（4）马斯格雷夫的六原则理论。即以收入分配为目标的税种应划为中央税；周期性特征明显的税种应划为中央税，收入波动小的税种应划为地方税；地区间收入不均衡的税种应划为中央税；流动性强的要素课税应划为中央税；对缺乏流动性的土地等的课税应划分为地方税；受益性的税根据受益范围大小在中央与地方之间进行划分。

（5）杰克·明茨的五原则理论。即坚持效率原则、坚持降低遵从成本原则、坚持灵活原则、坚持责任原则、坚持公平原则。另外，在中央与地方税权的划分上，还有罗宾·鲍德威的六原则理论、戴维·金的“三不原则”理论、蒂布特的“以足投票”理论、布坎南的“俱乐部”理论等。这些理论主要遵循经济学“收益—成本”分析范式，对一个国家和地区政治、经济和文化的涉及较少，理论分析虽然深刻，但与各国的实际情形相差较大。

---

① 吕冰洋：《税收分权研究》，北京：中国人民大学出版社 2011 年版，第 2 – 3 页。

② 平新乔：《财政原理与比较财政制度》，上海：上海三联书店、上海人民出版社 1995 年版，第 338 – 339 页。

法学领域对税权的分析相对与实际情况更为吻合。我国学者朱丘祥教授从法学角度对税权的配置进行了系统论述。他在《分税与宪政》一书中，认为中央与地方的财税分权是现代国家充分实现职能的必然选择，而制约税权配置的，既有宏观性因素，又有技术性标准。宏观因素主要包括一个国家地域的大小和民族的多寡、区域经济发展的平衡程度、经济发展处于的不同阶段、政体组织形式；技术性因素主要包括经济标准、宏观调控标准、政府职能标准、管理标准、财政标准。每个国家都只能根据其经济水平、政治体制及文化传统特征来确定本国的税权划分模式。①

总体而言，经济学家提出的财政联邦主义影响最大，已成为中央与地方税权配置的理论基础。对于为什么要纵向配置税权，财政联邦主义认为，分级政府与分级财政是其制度基础，分级提供公共产品是其效率基础，分税制财政体制的存在是其直接原因。② 其最终的落脚点，是通过中央与地方纵向财政分权，充分调动中央与地方两个积极性。

2. 国际上中央与地方税权配置的主要模式

在中央与地方税权配置上，目前世界上大多数国家都是以实行分税制财政体制来实现的。美国、日本、德国、俄罗斯、印度等大国的税权配置具有代表性。

（1）中央与地方税权的划分特征。一是中央税权处于主导地位，地方税权处于从属地位。无论是单一制国家，还是联邦制国家，大都将中央税权置于地方税权之上，地方税权受到中央税权的制衡。如美国地方政府高度自治，但在税权配置上仍然存在着“双重制约”，即联邦对州和地方的制约、州对地方的制约。二是

---

① 朱丘祥：《分税与宪政》，北京：知识产权出版社 2008 年版，第 186 – 196 页。

② 相关论述参见许建国主编：《中国地方税体系研究》，北京：中国财政经济出版社 2014 年版。

税权划分呈现三种类型：分散型，特点是各级政府都被赋予很大的税收权限，如美国；集中型，特点是中央税权大，地方税权小，如法国和印度；适度集中、相对分散型，特点是立法权集中、征管权分散，如德国和日本。三是税权划分坚持法治化。各国大都以宪法和法律形式将中央与地方的税权划分确立下来，保障地方政府的财权稳定性，如美国的联邦宪法、日本和韩国的《地方税法》等。

（2）地方税税种的构成特征。一是主要税种来源多元化。很多国家突破了将财产税作为地方税主体税种的传统观点，流转税、所得税等均可作为共享型地方税体系模式的主要税种选项。如美国州政府以销售税、日本地方以法人税和居民税等为主要税种（主体税种多为某一级政府独享，主要税种多为多级政府共享）。二是税种划分形式多样化。地方税中既有地方专有税种，也有中央与地方共享税源的税种。如德国三级分成共享增值税、所得税、营业税，俄罗斯三级分税率共享消费税、所得税。三是辅助税种设置灵活多样。辅助税种包括特定目的税、行为税等各具特色的税种，并赋予地方一定的税权，开征一些零星税种。如法国、德国、印度等地方政府开征的娱乐税、广告税等。

（3）税收征管机构的设置特征。一是分税分机构设置。大多数实行分税制财政体制的国家，其地方政府均设立地方税征管机构，独立行使税收征管权，征收地方税。从 OECD 国家以及金砖国家看，中央和地方税务机构分设是大国的共同选择。如美国设有三级税收征管机构，分别独立征管，不存在领导与隶属关系。二是分税不分机构设置。全国只有一套税收征管机构，不分设国税、地税征管机构。大国中只有俄罗斯和法国是该类型。如法国各税种均由财政部下设的税务总署及公共会计局设在各地的分支机构征收，然后根据中央和地方税种的划分情况将税款拨给地方。三是机构分设的地税与国税存在征管合作。主要表现为税收信息共享、部分税种委托代征等。如日本国税代地税征收地方汽油税、地方消费税；美国有的州政府委托联邦政府税务机构代征个人所得税，联邦也会把各州纳税人的联邦税种信息分享给相应的州税务局，各州再对照纳税人单独向州提交的信息加以核实。

（4）中央与地方税收收入的特征。进一步比较发达国家、发展中国家，单一制国家、联邦制国家，中央与地方税收收入划分主要呈现四个显著特征：一是中央税收收入占比较高。发达国家中央与地方（含州/省/区一级，下同）税收收入比重平均为72.4∶27.6，发展中国家为79.8∶20.2。但美国、日本、德国、印度等大国中央与地方税收收入比重，平均约为60∶40。二是收入格局以共享税类为主。所得税类以中央分享为主，财产税类以地方分享为主。但货物和劳务税类中央与地方分享比例国别差别大，如同为发达国家的美国和日本，地方分享比例分别为88.2%、34.0%；同为金砖国家的印度和俄罗斯，地方分享比例分别为65.0%、11.6%。三是收入分配格局基本保持稳定。1995—2011年，不同类型国家中央与地方税收收入分配格局调整，波动幅度在1~2百分点区间范围内，受经济发展水平变动的影响小。四是中央转移支付力度决定地方最终财力规模。2005—2011年，大多数国家中央转移支付收入对地方财政贡献较大，且均保持略有上升的态势。除美国下降7.9百分点外，德国、印度、南非等大国分别提高了1.4、0.4和0.5百分点。[①]

（5）几点启示。一是税权配置应适合国情。地方税体系受到政治体制、发展阶段、历史传统等多方面因素的影响，没有固定

① 该段的数据根据霍军的论文整理而得。参见霍军：《中央与地方税收收入划分的中外比较研究》，《经济研究参考》2015年第8期，第59-78页。

模式。但中央税权主导与向地方适度分权相结合，是普遍性特征。二是保持地方税收收入规模稳定。1995—2011年，无论是从发达国家还是从发展中国家来看，地方税收收入规模变化不大，基本保持稳定。三是转移支付制度相对健全完善。地方财政收入除了依靠税收收入，来自中央转移支付和其他收入的占比较高，仅靠地方本级收入，较难满足地方公共支出需要。转移支付等配套制度建设，事关税权配置的成败。四是坚持税权配置法定。大多数国家和地区的宪法以及法律，均明确税权法定原则，完善不同层级政府尤其是中央与地方在财权事权配置方面的规范化、法律化，以维护税权配置的严肃性和稳定性。

3. 我国税权配置的“中国咒”

从历史上看，我国对于中央与地方关系的处理，几千年来一直没有走出“一统就死、一放就乱”的历史怪圈。最突出的表现是：当中央出现财政困难时，采取的主要措施是直接调整中央与地方的财政关系，将原来归地方的财政收入划为中央政府收入，地方政府因此不得不实行事实上的税收立法权，各种乱收费、乱摊派等税收失范行为随之而生，[①] 进而形成“二元财政”。[②] 二元财政中，财政集权与非规范财政并存，是在处理纵向政府间关系时的王朝财政特色。其突出特点和存在问题是：①非规范收入的存在性。韦伯甚至认为，我国历史上地租方面的官方统计与实际的差距为1∶4。②非规范收支的经常性和反复性；③非规范收支

① 朱红琼：《中央与地方财政关系及其变迁史》，北京：经济科学出版社2008年版，第4页。

② 我国学者对“二元财政”的概括，有两种不同的表述：一是指城乡财政收入之间构成的不同；一是指政府收入构成中，非税收入占比较大，出现税收收入与非税收入并重现象，一些地方政府收入构成中非税收入甚至出现超过税收收入比重的“二元现象”。本书中的“二元财政”，仅指后者。

名目繁多。①

二元财政的出现，是我国历史上中央与地方的税权配置问题没有处理好的结果，自唐朝以后，这一问题特别明显。我国中央集权型税权设定模式形成于秦汉，但由于我国幅员辽阔，政府管理的范围大，政府层级多，因信息问题导致了严重的"委托—代理"问题，二元财政现象具有必然性。如唐朝安史之乱后，改租庸调制为两税法，以保证中央收入稳定，但该制度无法顾及州、县两级财政的基本支出需求，中央只有放任地方政府自行解决收支问题，地方政府利用税收征管权，擅自征收、法外征收。② 明代的一条鞭法也最后导致并税式改革的地方政府加税行为。唐朝以后的王朝，在政府间纵向税权配置上，由于没有产生法治化的财政关系，中央与地方税权的配置没有法律保障，中央与地方都存在机会主义行为倾向。中央政府在财政压力下，通过改变税权特别是税收受益权，获取更多的税收收益；地方政府通过征税权，采取截留、法外征收等非正式制度方式应对。实际上，中央政府行使名义上的税收立法权，获取税收剩余权；地方政府利用事实上的税收立法权，获取税收剩余权。最后的结果，是在财政制度演进和国家治理过程中，出现"积累莫返之害"的"黄宗羲定律"："杂税丛生—并税式改革—杂税丛生"的周期性现象。有学者认为，这是权威体制与有效治理之间的矛盾，即号令自中央出的中央集权体制与辽阔的国土上地方性差异之间的矛盾，前者

① 刘云龙：《民主机制与民主财政》，北京：中国城市出版社 2001 年版，第 218－219 页。

② 朱红琼：《中央与地方财政关系及其变迁史》，北京：经济科学出版社 2008 年版，第 72 页。

需要权力和资源集中，后者需要灵活性和自由裁量以实现有效治理。[①] 更多的学者认为，这是税权纵向配置法治缺失的产物，只有通过财政民主和财政法治途径，才能走出这一历史怪圈，解开中央与地方税权配置治乱循环的“中国咒”。

1949 年以来，我国在中央与地方的税权配置上，历经统收统支、分灶吃饭、分税制等不同体制机制，但仍未走出行政主导型的税权配置模式，历史上二元财政的弊端仍然存在，而且在个别历史阶段还特别严重。从近 20 年来的税收规范性文件考察，我国的税权集中态势得以形成并不断强化。[②] 需要警惕因税权过于集中，税权在中央横向配置不科学、部委主导课税要素变动而出现的由“诸侯财政”转向“王爷财政”的现象。

1994 年运行以来的分税制财政体制，是中央税权集中的又一次体制变革。一些研究表明，分税制改革集中了县乡财力，扩大了基层的收支缺口，但通过财政转移支付几乎完全弥补了分税制改革带来的财政收入减少。由于分税制主要规范的是预算内收入，而没有对预算外资金进行更加规范的管理，地方政府的 GDP 锦标赛和软预算约束，不但导致农民负担成为严重的社会问题，还直接或间接产生“驱赶效应”：地方政府逐步将财政收入从预算内转到预算外，从依靠企业到依靠农民负担和土地财政，从侧重工业化到侧重城市化。随着农业税制度废止、预算制度健全完善，地方政府的策略行为是通过强化土地财政、建立地方政府融资平台等来筹集财政收入。工业化的收益表现在增值税的增长，曾经 75% 的收益归中央政府；城市化的收益表现为营业税的增

① 周雪光：《从“黄宗羲定律”到帝国的逻辑：中国国家治理逻辑的历史线索》，《开放时代》2014 年第 4 期，第 108－132 页。

② 叶姗：《税权集中的形成及其强化：考察近 20 年的税收规范性文件》，《中外法学》2012 年第 4 期，第 782－799 页。

长，而营业税在营业税改征增值税之前是地方税体系的主体税种。从严格意义上讲，1994 年的分税制财政体制带来的集权并非全面而有效，在地方政府软预算约束的条件下，表面上的集权作用已大打折扣。[①] 地方政府的二元财政格局仍在发挥作用。我国制度外财政或二元财政的规范化，有学者称之为“奥尔森困境”。[②] 二元财政或多元财政的规范化、法治化过程，也就是我国走出“奥尔森困境”的过程。

二、我国税权纵向配置的新动向与地方税体系构建

1. 我国地方税体系的建设历程

地方税体系是国家纵向税权配置的一个重要组成部分。2014 年中央印发的《深化财税体制改革总体方案》，强调要完善地方税体系。2015 年中央印发的《深化国税、地税征管体制改革方案》，不仅重新划分了国税、地税征管范围，还明确提出要健全地方税费收入体系。狭义上的地方税体系，是指以地方政府的税收受益权为核心，由一个或多个税种充当主要税种，若干税种发挥辅助作用而组成的地方税收系统。广义上的地方税体系不仅包括税收受益权，还包括税收立法权、税收征管权在中央与地方之间的纵向配置。一般多指广义上的地方税体系。

1949—1994 年，我国中央与地方的税收分配并非在分税制财政体制框架下进行，作为一个相对独立的、完整的地方税体系，并没有形成。1994 年的分税制财政体制改革才开启了我国地方税体系的构建大幕，其发展主要分为两个阶段：

---

① 对分税制较深入的研究成果，参见周飞舟：《分税制十年：制度及其影响》，《中国社会科学》2006 年第 6 期，第 100－115 页。

② 杨志勇：《比较财政学》，上海：复旦大学出版社 2005 年版，第 93 页。

（1）第一阶段：1994 年分税制财政体制改革至 2011 年底。我国真正意义上的地方税体系，肇始于国务院 1993 年 12 月颁布的《关于实行分税制财政管理体制改革的决定》。改革的重点是提高财政收入占 GDP、中央财政收入占全国财政收入“两个比重”，建立全国统一市场。这一阶段地方税体系构建的主要内容包括：一是设置主体税种和辅助税种。将营业税、地方企业所得税、个人所得税等划为地方税，其中营业税是主体税种。并根据经济社会发展，从 2002 年开始改革按企业隶属关系划分企业所得税、个人所得税收入的办法，中央与地方在所得税收入的分享比例，2002 年为 50∶50，2003 年至今为 60∶40。二是分设国税、地税征管机构。设立地方税务局，负责征管地方税。从 2002 年起新登记注册的企事业单位的所得税，由国家税务局进行征收管理；从 2009 年起，对新增企业的所得税以主体税种划分国税、地税征管范围。交增值税为主的，归国税部门征管；交营业税为主的，归地税部门征管。三是税权主要配置在中央。地方税立法权集中在中央，地方税种征管权和部分税种税率调整权在地方。

第一阶段逐渐建立起以“主体税种 + 共享税种 + 辅助税种”为基本结构的主体税种型地方税体系模式。

（2）第二阶段：2012 年营业税改征增值税试点开始至今。以 2012 年上海市交通运输业和部分现代服务业进行营业税改征增值税试点为开始，这一阶段的主要内容包括：一是地方税种有增有减。营业税主体税种消失，辅助税种将增加环境保护税、水资源税等。二是国地税机构继续分设。中央明确国税、地税两套税务机构合作而不合并。三是地方税收入体系范围扩大。地税部门征管范围扩大至行政事业性收费、政府性基金等非税收入。四是地方级税收收入基本稳定。国内增值税地方分享比例从 25% 提升至 50%，营业税改征增值税后过渡期内（暂定 2～3 年）中央与地方财力格局基本稳定。地方税权配置与地方税体系构建的政策变化情况见表2－1。

表2－1　1993—2016年中央关于地方税体系构建的相关举措

时间	重要文件或会议	主要内容
1993	十四届四中全会	把地方财政包干制改为在合理划分中央与地方事权基础上的分税制，建立中央税收和地方税收体系。
	国务院《关于实行分税制财政管理体制的决定》	建立中央税收与地方税收体系，分设中央与地方两套税务机构分别征管。
2003	十六届三中全会	在统一税政前提下，赋予地方适当的税政管理权。
2011	“十二五”规划纲要	在合理界定事权基础上，进一步理顺各级政府间财政分配关系，完善分税制。逐步健全地方税体系，赋予省级政府适当税政管理权限。
2012	十八大报告	构建地方税体系，形成有利于结构优化、社会公平的税收制度。
2013	十八届三中全会	深化税收制度改革，完善地方税体系，逐步提高直接税比重。
2014	《深化财税体制改革总体方案》	深化税收制度改革，完善地方税体系，逐步提高直接税比重。
	新预算法第15条	国家实行中央和地方分税制。
2015	《深化国税、地税征管体制改革方案》	合理划分国税、地税征管职责，建立健全地方税费收入体系。

（续上表）

时间	重要文件或会议	主要内容
2016	“十三五”规划纲要	完善地方税体系，推进房地产税立法。
	国务院《全面推开营改增试点后调整中央与地方增值税收入划分过渡方案的通知》	自2016年5月1日起，过渡期（暂定2~3年）地方按税收缴纳地分享增值税的50%，以保持目前中央和地方财力大体“五五”格局。

资料来源：根据相关公开资料整理所得。

第二阶段正在逐渐建立以“共享税种+辅助税种+费金收入”为基本结构的共享税种型地方税体系模式。

从整体来看，自分税制财政体制实施以来，我国地方税体系运行成效明显：一方面，地方级税收收入快速增长。1995—2015年，全国以及广东年均增速为17.3%、16.9%，分别高出全国以及广东同期GDP年均增速4.5、3.9百分点；另一方面，充分调动了地方发展经济的积极性。2001—2015年，全国以及广东第三产业增加值年均增速16.5%、14.6%，同期营业税增速分别为17.2%、14.3%，两者高度关联。① 同时，也存在明显不足：一是地方税体系稳定性较差。中央通过行政主导，不断调整分享比例和征管范围，地方税体系缺乏权威性和稳定性。二是省以下地方税体系长期缺位。1994年以来的改革，主要着眼于解决中央与省级的财权分配和税权配置问题，“两个比重”从1993年的12.2%、22.0%分别提高至2015年的22.5%、45.5%后，中央

① 如无特别说明，本书的相关数据引自《中国统计年鉴》《中国财政年鉴》《中国税务年鉴》。

财力显著增强，但省以下地方税体系建设进程没有较大进展。三是配套制度建设严重滞后。分税制财政体制改革以来，我国中央与地方事权范围一直没有厘清边界，转移支付制度很不规范，地方支出责任又严重依赖转移支付。2015 年中央对地方税收返还和转移支付合计 55 181 亿元，相当于地方一般公共预算本级收入 82 983亿元的 66.5%。导致一些地方先后出现土地财政、地方融资平台等财政异化行为，未能起到优化地方支出结构政策目标的作用。

2. 有关地方税体系主体税种的观点争鸣

营业税一直以来是地方税的主体税种。营业税改征增值税试点前的 2011 年，全国营业税收入 13 679.8 亿元，占同期全国税收收入（99 564.7 亿元）的 13.7%，占全国地方级税收收入（40 589.6亿元）的 33.7%；广东营业税收入为 1 431.2 亿元，占广东税收收入（12 346.4 亿元）的 11.6%，占广东地方级税收收入（4 532.9 亿元）的 31.6%。2012 年营改增以来，地方税主体税种逐渐丧失，地方税体系面临重构，社会各界展开了广泛讨论，集中体现在地方税体系的主体税种选择上。综合各方意见建议，可归纳出三种代表性观点（见表 2－2）：

（1）新开征销售税为地方税主体税种。中国社会科学院、中国人民大学、中央财经大学等智库的一些专家持该种观点。这借鉴了美国、加拿大等国做法，优点是税源充沛、增长态势良好。个别中央部委曾一度倾向于该方案。按“十二五”期间我国及广东省全社会消费品零售总额的年均增速、税率为 5% 测算，到 2020 年全国销售税规模将达 2 8341.1 亿元，广东为 2 703.6 亿元，年均增速都高于同期 GDP 增速。① 广东全社会消费品零售总额、销售税规模均约占全国的 1/10，二者与 2015 年规模占比相当。考虑到目前我国大口径宏观税负（一般公共预算收入、政府性基金预算收入、国有资本经营预算收入、社保基金预算合计占 GDP 比重）已经较高，开征新税种增加税负的预期明显，社会上抵制声音较为强烈，加上立法周期长、零售环节税源管控成本高，中央没有采纳这一方案。

（2）企业所得税和个人所得税为地方税主体税种。中山大学、泛珠三角九省（区）地税部门等一些专家持该种观点。该方案地方税收收入保障能力强、地方政府涵养税源积极性高。如企业所得税、个人所得税继续保持“十二五”期间的年均增速（全国分别为 9.0%、9.1%；广东分别为 11.1%、10.4%），到 2020 年全国企业所得税规模将达42 716.5亿元、个人所得税规模达 13 204.4亿元；广东分别为 5 684.7 亿元、2 081.5 亿元，占全国同类税种收入规模的 13.3%、15.8%，这与广东 2015 年占比（12.1%、14.8%）相比，略有提升。②但一些中央部委和一些学者担心出现地区间的恶性税收竞争，妨碍资本、劳动等要素在不同地区间的自由流动，持反对意见。

① 测算方法参见广东省地方税务局地方税体系构建与完善课题组：《我国地方税体系构建与完善研究》，王南健主编：《广东地税调研 · 2013》，广州：暨南大学出版社 2014 年版，第 172 页。

② 测算方法参见广东省地方税务局地方税体系构建与完善课题组：《我国地方税体系构建与完善研究》，王南健主编：《广东地税调研 · 2013》，广州：暨南大学出版社 2014 年版，第 173－174 页。

表 2-2　营业税改征增值税以来地方税体系主体税种选择的代表性观点

方案选择	代表学者	主要支持理由	主要反对理由
新开征销售税为主体税种	中国社会科学院杨志勇，中国人民大学朱青、郭庆旺和吕冰洋，中央财经大学白彦锋等	1. 税源充沛，增长潜力可期。 2. 利于地方政府转变发展思路，促进地方消费能力提高。	1. 立法周期长。 2. 增加税负预期明显，社会抵触心理强烈。 3. 税源管控成本高。
企业所得税和个人所得税为主体税种	中山大学杨卫华、中国社会科学院夏杰长、泛珠三角九省（区）地税部门等	1. 税源充沛，增长潜力可期。 2. 与地方经济发展的关联度高。	1. 阻碍要素自由流动和全国市场统一。 2. 带来区域税收恶性竞争。
房地产税和资源税为双主体税种	山东大学李文、南京财经大学李林木、华夏新供给研究院贾康等	1. 税基分布东西互补，东部地区以房地产税为主，西部地区以资源税为主。 2. 税基固定，符合区域性受益原则，由地方征管效率高。 3. 房地产税作为县以下地方政府的主体税种，已被发达国家的经验证明。	1. 区域分布不均衡。 2. 收入规模小。 3. 对财政预算要求透明度高，易引发社会矛盾。

资料来源：根据相关公开资料整理所得。

（3）房地产税和资源税为地方税双主体税种。房地产税性质的争鸣，主要体现在对其税负归宿的不同判断上。目前主要有三种观点：一是消费税说。该说采用局部均衡分析方法，认为作为财产税的房地产税是对土地和房屋建筑物课征的消费税。二是资本税说。该说采用一般均衡分析方法，认为房屋建筑物保有环节的税收负担将由资本全部承担。三是使用费说。该说认为房地产税不是一种真正意义上的税，而是相当于一种具备有偿性和自愿性特征的公共服务的使用费。从建设服务型政府视角入手，认为从使用费角度看房地产税开征，更有利于促进地方政府提供更多更好的公共产品。[①] 房地产税的功能定位争鸣，也主要有三种观点：一是地方税主体税种说，或地方政府的主要收入来源说。该说主要从组织收入和税种属性角度，认为房地产税是天然的地方税，甚至是地方税的主体税种。由于我国的地方政府概念与很多发达国家的地方政府概念的内涵和职能范围显著不同，一些研究者生硬地将其进行比较，进而得出房地产税主体税种结论，其科学性值得深究。二是房地产市场调控说，认为开征房地产税能够对我国的房地产市场进行宏观调控，引导资源配置。从开征房地产税的大部分国家来看，短期内或许有影响，长期基本上没有影响。三是收入分配调节说，认为开征房地产税能够对我国日渐扩大的收入差距进行调节。其实，我国保有环节的房地产税占全国税收收入比重在3%左右，连占比重7%左右的个人所得税在收入调节分配中的作用都收效甚微，遑论房地产税。从税制发展的现代化方向判断，房地产税定位于县级政府组织收入、促进地方政府转变职能，可能效果更佳。

---

① 参见冯源：《中国房地产税的开征：理论与实证分析》，北京：中国税务出版社2014年版。

山东大学、南京财经大学、华夏新供给研究院等智库的专家持地方税主体税种说。具体而言，东部地区把房地产税培育为主体税种，西部地区把资源税培育为主体税种。2015 年，全国房地产税（是指现行房产税、城镇土地使用税）收入为 4 193.7 亿元，其中北京、上海、广东、江苏、浙江和山东六省市合计为1 949.0 亿元，占全国的 46.5%；全国资源税收入为 1 035.0 亿元，其中山东、山西、陕西、内蒙古和新疆五省区合计为 509.0 亿元，占全国的 49.2%。同期广东房地产税收入为 384.5 亿元，其中广州、深圳、佛山和东莞四市合计为 227.9 亿元，占全省的 59.3%；广东资源税收入仅 16.5 亿元，仅梅州就占 1/3。目前房地产税和资源税收入规模小，地区分布不均衡，即使进一步扩围，短期内仍难以承担地方税体系主体税种的功能，长期或可逐渐培育成县级政府一般预算收入主要来源之一。

三、简短的评价

税权纵向配置，涉及中央与地方的积极性，也涉及地方之间的税收竞争。如果向地方配置的税权过度，将可能引发地方的税收竞争。而地方之间的税收竞争，有两种对立的观点：增进效率说、降低效率说。增进效率说认为税收竞争的结果将提高经济效益，提高社会和个人的福利；降低效率说认为，税收竞争将导致地方政府对基础设施的投入过多，社会服务的投入不足，造成额外的福利损失。① 从我国地方政府 GDP 锦标赛考核情况看，在一个国家或地区的发展起步阶段，适当的税收竞争对经济发展和福利增进是有益的。随着发展水平的提升，在一个国家范围内，税收公平对资源的有效配置更为重要。即使在美国等联邦制国家地

① 杨志勇：《比较财政学》，上海：复旦大学出版社 2005 年版，第 217－219 页。

方税权配置较大的，税收竞争也是被限定在规则范围内。超越以公平理念为内核的税收竞争，是恶性税收竞争，它对一个国家的发展将是灾难性的。正因如此，无论是国内还是国际组织，对税收竞争都持相对保守的态度，对税权的纵向配置特别是税收立法权的配置也持相对保守的立场。

从《深化国税、地税征管体制改革方案》看，中央在推进新一轮财税体制改革进程中，没有单纯采纳某一种观点，而是在综合考量、多方权衡的基础上，采取了新的构建思路，我国地方税体系构建模式从主体税种型转向共享税种型，并将政府性基金、行政事业性收费等费金收入纳入地方税费收入体系范围。改革全部到位后，共享税种主要是国内增值税、国内消费税、企业所得税和个人所得税，辅助税种是房地产税、车辆购置税、环境保护税等11个税种。地税部门主要负责征管国内消费税的地方税目部分、个人所得税、房地产税等13个税种，以及相关费金种类。对此，一些地方政府和学者担心，我国经济社会正处于转型发展期，财税法治化程度不高，中央与地方的税权配置仍沿袭行政主导路径，而非立法主导路径，与主体税种型地方税体系模式相比，共享税种型地方税体系稳定性较差，不利于稳固中央与地方财权关系和稳定地方财力预期。

另外，上述几个方案都是假定中央和地方的事权范围没有大的调整，都是从地方财力稳定角度论证地方政府的财力保障。但实际上，2012年以来新一轮财税体制改革的路径是：理顺政府、市场、社会三者关系（有限政府和有效政府）→税制优化（税负总体稳定）→地方税体系构建（央地财力总体稳定）→央地事权调整（明确各级政府事权边界）→预算制度改革（全口径预算）→转移支付。脱离各级政府事权范围调整谈地方税体系的构建，没有多少实质意义。

在构建完善新地方税体系过程中，重中之重应是推进三方面工作：

（1）加快落实地税部门统征地方税费进度。《深化国税、地税征管体制改革方案》明确要求发挥税务部门税费统征效率高等优势，按照便利征管、节约行政资源的原则，将依法保留、适宜由税务部门征收的行政事业性收费、政府性基金等非税收入项目，改由地税部门统一征收。应抓好中央方案的落实，建立健全地税部门统一征收费金等的地方法规，推进非税收入法治化建设，包括完善社会保险费征缴办法等，确保征管工作的统一授权和运作规范。

（2）调整中央与地方事权和支出责任的划分。推动尽快出台《关于推进中央与地方事权和支出责任划分改革的指导意见》；借鉴国际经验，将中央政府支出责任由目前的15%，逐渐提升至OECD国家46%这一平均水平左右。

（3）完善省以下分税制财政体制。按照基层优先、三级联动原则，同步推进省以下特别是县（市）一级地方税体系构建，把房地产税逐渐培育成县级政府的一般公共预算收入主要来源之一。同时按照成本分摊和区域受益原则，中央调整计划单列市的财政管理体制，允许省级政府加大对计划单列市的财政协调力度。

第三节　税权控制从行政性同意到立宪性同意

一、转型期税收立法行政性同意的内生性解释[①]

市场经济和税收事业的快速发展，对税权的控制研究向纵深

① 本节主要引自苏月中、向景：《经济转型、行政性一致同意与税收立法》，《涉外税务》2005年第12期，第36－39页。本次增加了制度变迁、干中学、良性违法等新内容。

拓展，已达成若干共识：承认税收法定主义是法治国家保障公民财产权不受任意侵犯的宪法性规范；对授权立法应设定限制，法律保留原则是授权立法应当严格遵守的法律原则，违背这一原则的授权立法无效；现行的税法政策化倾向明显，存在税收政策取代税法规范对社会经济进行调整的现象；作为税收立法重要内容之一的税收法律立法解释和行政解释比较混乱，表现为解释的权力色彩浓厚、解释的主体归属模糊、解释的效力随意。学者们呼吁在宪法中增加税收法定主义条款，制定税收基本法或税法通则，全面清理税收法律法规、限制行政权的不合理扩张。

我国的税收立法，为什么在较长时期会出现税收立法层次低、立法程序不规范、税法解释冲突等问题，内生性法律理论可以作出较合理的解释。内生性法律理论认为法律不是外生地取决于一个国家的经济架构和经济绩效，而是由一个国家的经济制度、经济体系等决定的，法律制度的完善受制于一国的经济发展阶段。法律制度自身根据不同的环境变化持续地发生演变、进行适应。①

1949 年后，我国实行赶超型工业化发展战略，以及 20 世纪 70 年代末开始的改革开放，都是行政主导下的重大战略调整，即我国的经济建设路径采取的是行政性同意的路径。行政性同意是与立宪性同意相对应的概念。所谓行政性同意，是政府执行层面的集体决策，在决策过程中，不是事先将规则选择出来，而是在执行过程中，把个别经验转化为一般规则，由经验抽象为规则本身具有相当的弹性和灵活性，并随着决策在时间和空间维度的开展，对规则进行边际调整，使规则得以普适化和一般化。而立宪

---

① 对内生法律理论的详细论述，参见鹤光太郎：《用“内生法律理论”研究法律制度与经济体系》，吴敬琏主编：《比较》（第 8 期），北京：中信出版社 2003 年版。

性同意是代议机关立宪层次的集体决策，是对规则本身的选择。

我国经济社会发展的战略转型，是典型的行政性同意模式下的转型方式，国家采取的转型策略，是渐进的、实验主义式的，边试点边积累经验，然后把经过检验的、有推广价值的经验抽象为法律规则，转型的进程和速度基本上由政府控制主导。相比较而言，苏联和俄罗斯的转型策略是相对激进、建构主义的。由于认识的有限理性、存在巨大的转型成本以及政治上的可接受性，在大国发展转型过程中，一般认为行政性同意模式要优于立宪性同意模式。我国现行的立法体制，就根植于行政性同意模式下的转型战略。按照内生性法律理论的解释，其优点与不足都内生于行政性同意模式下的政府主导型转型改革模式。我国税收立法中出现的实验主义倾向、税收立法行政化倾向、税收立法暂行化倾向、越权立法、不规范解释、立法层次低等，都是行政性同意模式下的副产品。

行政性立法同意模式，因其与现行宪法和法律一些强制性条款的冲突，引起法学界的关注。法学界曾因良性违宪或良性违法掀起一波较大的学术争论。良性违宪论者以郝铁川教授为代表，他认为社会变革与成文法之间存在内在冲突，而靠政策推动的社会变革，必然会突破法律的规定。其原因是：法律的保守性和社会变革发展相矛盾；法律规则的僵硬性与社会变革的灵活性相矛盾；法律的控制性与社会变革的越轨性相矛盾。良性违宪论者进一步认为，西方国家同样存在良性违宪的案例，在新的政策推进社会变革中，只要有利于生产力的发展、有利于维护国家和民族的根本利益，就应值得肯定；当然，良性违宪应建立违宪鉴定机构，并加以时间上的限制。[①] 反对良性违宪论者认为，良性违宪与恶性违宪没有实质区别，一切违宪行为都危害人民的根本的、长远的和全局的利益，都是对法治的严重破坏，严格来说，都是恶性的。个别地方发生良性违宪行为，根本原因是有关国家机关工作人员法律意识淡薄、国家的宪法监督机制不健全，良性违宪弊大于利。对改革中出现的新问题，可以通过修法解决，但不能允许法外解决。[②] 另有折中者认为，宪法的目的不是限制人民的自由，而是为所有人画出一条权利底线，面对我国宪法文本与现实之间的巨大差距，可借鉴德国有关保护基本自由权和平等权的宪法理念来评价违宪性政策的标准，如果制定的新政策有助于人权、民主、法治，且判定为良性违宪，否则为恶性违宪，即良性违宪的标准是，国家活动不得非正当地侵犯公民的基本权利。[③] 在经济社会快速发展的转型社会里，折中说更为合理，也具有可操作性。

二、行政性同意税收立法模式的优劣

一直以来，对行政性同意税收立法模式批评较多，对为什么会持续出现分析较少。辩证看待行政性同意税收立法模式，有利于更加深入地认识不同税收立法模式的优点与不足，在不同的历史发展阶段，选择更好的模式促进经济社会发展。

从税收立法实践看，行政性同意的税收立法模式具有两个优点：

第一，有利于迅速作出税收立法决策。行政性同意的立法模

① 参见郝铁川：《论良性违宪》，《法学研究》1996 年第 4 期，第 89－91 页；郝铁川：《社会变革与成文法的局限性》，《法学研究》1996 年第 6 期，第 23－24 页。

② 童之伟：《“良性违宪”不宜肯定》，《法学研究》1996 年第 6 期，第 19－22 页。

③ 张清波：《试以基本权利限定“良性违宪”》，《东方法学》2014 年第 4 期，第 57－66 页。

式，使政府能对社会管理中发生的重大事项和行为进行快速反应和规范，而立宪性同意模式下的政府，多少显得被动，一些问题可能长期得不到解决。如我国的企业所得税制在其立法过程中，因政府部门利益以及外资强有力的游说能力，直到 2007 年才制定出新的内外统一的《企业所得税法》，结束了内外两大税制并存的局面；《个人所得税法》自 1980 年出台以来，综合与分类相结合的立法模式不断被学界提出，并被官方文件多次肯定，但直到今天，依然停留在立法规划中。日本历时 10 年，历经几届政府才通过增值税法案。立宪性同意模式下的税收立法，尽管保证了立法民主和法律的权威性，但因耗时较长，跟不上转型较快的经济社会发展步伐。即使是全国人大及其常委会制定的法律，因新情况新问题复杂多变，立法质量也不一定得到保证。我国 2008 年施行的新《企业所得税法》仅 60 个条文，现行的《个人所得税法》仅 15 个条文，没有行政解释和部门规章的细化，根本没有可执行性。我国现正处于经济社会发展的快速转型期，市场经济体制及其相配套的制度的健全完善非一日一时所能完成，而经济社会发展中又急需税收法律规范。行政性同意下的税收立法模式保证了与市场经济体制基本相适应的税收立法体系的建立。

第二，有利于积累税收立法经验。行政性同意下的税收立法模式，通过税收法律试行、试点方式，制造出一种筛选机制，劣法逐渐被淘汰，良法被保留下来，使好的法律能够被推广和普及，避免立法失败。这种渐进式的制度变迁模式所产生的“干中学效应”，有利于立法方面人力资本的积累和立法水平的提升。2012 年 1 月实施、2016 年 5 月 1 日全面推开的营业税改征增值税试点改革，同样采取行政性同意的模式，即先试点，然后在总结经验的基础上不断完善。这对提高新增值税法的立法质量将非常有助益。

行政性同意税收立法模式的缺点也不容小觑，并且随着改革的深入，其负面作用将越来越大。

（1）导致行政权的越位和税收立法的行政法规泛化。行政性同意模式下的税收立法，税收立法权的横向配置以行政权为主，导致行政权长期取代国家立法权，把本应属于国家立法机关通过公共选择制定的法律转变为由行政机关通过行政选择而制定成行政法规。《税收征收管理法》实际发挥着准税法通则的作用。加上我国的违宪审查制定还不完善，对与国家立法机关制定的税收法律精神相违背的行政法规、部门规章还缺乏应有的监督，这些都损害了我国议行合一的权力制约机制，损害了税法的权威性。

（2）表现为政府立法行为的策略性。行政性同意的税收立法模式下，税收立法往往会成为释放财政压力的工具，税收法定主义表现出工具理性的特征。我国将税收立法权统一到中央政府，虽然经过 1994 年的税制改革对税收立法的各种非规范性、策略性行为进行了整顿，但税收立法行为的策略性和非规范性问题仍然存在，主要表现为地方政府出台各种与中央政府制定的行政法规相冲突的地方性法规、地方性规章，侵蚀中央政府制定的税法的税基。如地方政府利用城市土地国有的性质，抬高地价、提高土地增值税的增长速度、挤占工业利润、降低增值税的增长速度，还利用地方投融资平台，把部分财政风险释放给银行等金融部门，进而把风险转嫁给中央政府。这实际上相当于税权向地方政府配置的增加。

（3）存在对公民财产任意侵犯的行政立法可能。行政性同意的税收立法模式之所以受到较多批评，主要是因为行政性税收立法权主导的税收立法容易侵犯公民的财产权。从长期看，行政立法对公民财产权所造成的任意侵犯，将影响一个国家或地区的持续健康发展。新制度经济学的研究成果表明，西方国家的兴起，一个非常重要的原因是对私人产权的尊重和保护。我国的“无恒产者无恒心”也是一个道理。从我国历代王朝的兴衰周期律以及发达国家的宪政历史看，行政性同意的税收立法模式的不足会抵销其优点，而立宪性同意的税收立法模式，能够促进一个国家长期的稳定与繁荣。行政性同意立法模式，只能是特定历史阶段的产物和权宜之计。我国学者还从制度变迁理论对政府主导的强制性制度变迁模式进行了分析，认为行政性同意等政府主导的强制性制度变迁，存在难以克服的弊端：这一模式容易出现制度供给不足或过剩，特别是容易被利益集团绑架；根据成本和收益原则实施的强制性制度变迁局限性太强，往往注重经济上的成本收益，忽视其他成本收益；强制性制度变迁违背立宪性同意原则容易产生过时无效的制度。①

三、立宪性同意税收立法模式是税收治理现代化的制度保证

相比行政性同意税收立法模式，立宪性同意模式以规范性取代非规范性和策略性，以法治国家取代法律工具理性的行政国家，以对权利的严格保护、对权力的宪法限制取代行政权力的扩张及其可能对公民合法财产的侵犯，所以，从行政性同意的税收立法模式向立宪性同意的税收立法模式转型，是一个法治国家必须具备的基础条件。但立宪性同意的税收立法模式不是空中楼阁，它建立在一定的经济、政治、法律等基础上。从经济上来说，完善的市场经济是立宪性同意税收立法模式的经济基础；从政治上来说，发达的民主政治建设和市民社会的形成是立宪性同

① 梁木生、彭伟：《论强制性制度变迁的弊端及其应对》，《湖北经济学院学报》2005年第6期，第92－95页。

意的政治基础；从法律上来说，法治的实现和对行政权的控制机制真正发挥作用是立宪性同意税收立法模式的法律基础。

2014 年通过的《关于全面推进依法治国若干重大问题的决定》，要求实现立法与改革决策相衔接，做到重大改革于法有据、立法主动适应改革和经济社会发展需要。这正是对良性违宪争论的回应。改革的法治化，无疑是实现国家治理体系和治理能力现代化的重要因素。而中央政府与地方政府的互动、国家与社会之间的互动、理论界与实务部门之间的互动，是新一轮税收制度改革法治化的重要动力。借助三重互动动力，加快推进经济体制和法律制度等方面的改革，建立与国家治理体系和治理能力现代化相适应的立宪性同意治理框架，我国的税收立法模式将与其他领域的立法一样，将从行政性同意模式向立宪性同意模式转型，从而提高税收立法质量，消除行政越权立法、税收立法层次低等长期被诟病的问题。

第三章　税收治理现代化的中观视野：税制竞争力

税制竞争力是一个国家和地区竞争力的重要组成部分。税制竞争力的直接体现是税收负担。以同样的税负水平提供更多公共产品，或提供既定的公共产品相比需要较低的税收负担，这样的税制才具有竞争力。蒂布特“以脚投票”理论隐含的经济学意义就是税制的竞争力。一般认为，税收负担与要素集聚负相关，过高的税收负担将导致经济要素外流，影响产业的转型和升级，在开放经济环境下，将影响一个国家和地区的国际竞争力。

第一节　税收负担水平的限度

一、当前税负水平争论的几个热点问题

税收负担是指纳税人承担的税收负荷，它直接关系到政府、企业和个人之间的利益分配，历来是专家学者和社会各界广泛关注的热点和焦点问题。在我国每年 3 月初召开的全国人大和政协会议上，税收负担都是讨论和报道的高频新闻。税收负担分为宏观税收负担和微观税收负担。宏观税收负担一般是指一个时间段内一个经济体税收总额/GDP 的比重，关乎政府职能的履行以及

税收杠杆作用的发挥，[①] 体现的是政府与市场的边界。微观税收负担是指营业税金与营业利润的比值。税制中有直接税和间接税之分，间接税的负担可以通过价格机制进行转嫁，衡量间接税的负担则相对较为复杂，微观税收负担的衡量也是如此。

税收负担既涉及利益分配等重大原则问题，在经济全球化背景下，也涉及国家间的经济竞争力问题，税收负担已成为全球关注的财税现象甚至政治话题。近几年我国社会各界对税收负担的争论，主要集中在宏观税收负担高低之争、省际宏观税收负担高低之争、中小微企业税收负担高低之争、税收痛苦指数高低之争。

1. 宏观税收负担高低之争

宏观税收负担高低之争，政府职能部门、专家学者和一般公众的分歧较大，已经形成两种截然不同的观点：一种观点认为我国的宏观税负仍处偏低水平，如刘新利、林颖、李永刚等专家持偏低观点；另一种观点认为我国的宏观税负水平已经偏高，如杨斌、高培勇、马海涛等学者持偏高观点。董根泰对宏观税负水平的争论已形成一个简短的文献综述。[②] 2016 年底和 2017 年初，因企业家曹德旺接受媒体采访时认为中国税负较重引起新一轮宏观税负高低之争，李炜光教授认为我国的税负存在“税率之重，接近企业死亡线”，媒体形象地称之为“死亡税率”，这进一步放大了税负问题的社会敏感度。[③]

对宏观税负水平认识的分歧，主要来源于不同学者对宏观税

---

① 李炜光、王江涛、范程程：《浅议宏观税负与我国长期经济增长的内在关联》，《税务研究》2016 年第 10 期，第 81 – 86 页。

② 董根泰：《我国宏观税负国际比较：一种基于可比性的分析》，《财贸经济》2014 年第 4 期，第 30 – 37 页。

③ 李万甫：《“死亡税率”引发的税负问题思考》，《财会信报》，2017 年 1 月 9 日第 B02 版。

负的理解不同，使用不同的口径。学术界为便于分析和国际比较，把我国的宏观税负分为大口径、中口径、小口径，或宽口径、中口径、窄口径。因为我国的政府收入是典型的二元财政，包括税收收入和非税收收入，非税收收入的渠道更是多元化。现在对宏观税负口径基本一致的认识是，小口径的宏观税负是税收收入/GDP，中口径是财政收入/GDP，大口径是政府收入/GDP。持宏观税负偏低的论者，用的基本上是小口径；持宏观税负偏高的论者，用的基本上是大口径。但即使使用大口径计算，不同的学者的结论也不同。李万甫使用大口径计算，2012—2015 年我国的宏观税负接近 30%，远低于发达国家 42.8% 这一平均水平，中口径、小口径分别为 23.4%、18.8%，在国际上都处于较低水平。① 付广军计算 2014 年大、中、小口径的宏观税负分别是 37.15%、22.07%、18.73%，② 杨灿明、詹新宇计算 2014 年的大口径宏观税负为 38.5%，认为已超过发展中国家的平均水平，接近美国等发达国家的宏观税负水平。③ 冯兴元、臧建文通过计算得出我国 2013 年、2014 年和 2015 年的宏观税负分别是 40.9%、40.7%、38.5%，甚至认为如果扣除 2015 年 GDP 的水分，宏观税负还会急剧上升。④

另有学者认为，各国所处经济发展阶段不同，其 GDP 构成存在巨大差异，以 GDP 作为税基测度宏观税负水平，实际上不具有

① 李万甫：《“死亡税率”引发的税负问题思考》，《财会信报》，2017 年 1 月 9 日第 B02 版。

② 付广军：《厘清宏观税负口径及含义》，《中国税务报》，2016 年 3 月 16 日第 B01 版。

③ 杨灿明、詹新宇：《中国宏观税负政策偏向的经济波动效应》，《经济研究》2016 年第 4 期，第 71 –90 页。

④ 冯兴元、臧建文：《中国宏观税负有多大》，《党政论坛》2016 年第 6 期，第 39 页。

可比性，由此得出的结论难以服众。一国宏观税负水平与该国第一产业占 GDP 比重、净出口额占 GDP 比重、货劳税收入占总税收比重、人均 GDP 等因素高度相关。该学者通过构建具有可比性的宏观税负指标发现，2006—2010 年，小口径宏观税负方面，调整前美、日、中三国的年均宏观税负分别是 26.2%、28.1%、21.3%，调整后分别是 26.3%、28.5%、26.7%；大口径宏观税负方面，调整前分别是 32.7%、33.3%、32.2%，调整后分别是 32.8%、34.2%、37.3%。[①] 以此论之，我国的宏观税负高出当前世界上第一大经济体和第三大经济体。

一般社会公众不但关心政府收入规模，在开放经济条件下，还更注意比较宏观税收负担接近的国家的公共服务水平，如宏观税收负担不高，但政府提供的公共服务质量次、数量少，且认为税收负担水平高。十八届三中全会确定的稳定税负，在某种程度上是对社会担心税负水平继续提升的积极回应。而 2016 年 7 月中央政治局明确提出降低宏观税负，也是在经济下行压力较大时，对宏观税负高低之争最权威的回答。

2. 省际宏观税收负担高低之争

省际宏观税收负担是一个省的税收总量/该省的地区生产总值。比较省际宏观税收负担比比较国家间的宏观税负更复杂。影响省际宏观税收负担的重要因素包括：

（1）经济和产业结构。一般大的经济体，地区之间的发展存在不均衡现象，一些地区经济发展快，现代制造业、先进服务业比重大，产业结构层次高，单位地区生产总值的含税量多，宏观税收负担就高；反之，则相反。

---

① 董根泰：《我国宏观税负国际比较：一种基于可比性的分析》，《财贸经济》2014 年第 4 期，第 30 - 37 页。

（2）进出口货物所占比重。一省进出口的货物与该省的地区生产总值关联性不大。在比较省际宏观税收负担时，一般应剔除海关代征税收；否则，将虚增进出口比重大的省份的宏观税收负担水平。

（3）税制和财政体制因素。我国《企业所得税法》规定实行法人所得税汇总缴纳制度，对于大城市、特大型城市来说，总部经济发达，企业总部多，汇总纳税时分享税收收入多，其中很大一部分税收收入与汇入地的地区生产总值的关联性也不强。如果没有考虑到汇总纳税因素，同样会虚增总部经济发达的城市经济体的宏观税收负担水平。在进行省际宏观税收负担比较时，如果不考虑上述因素，仅通过简单的比较，会得出北京、上海的宏观税负水平畸高等不科学的结论。

3. 中小微企业税负高低之争

截至2014年底，我国中小微企业对国内生产总值的贡献超过65%，[①] 税收贡献占50%以上，出口贡献超过68%，创造了75%以上的就业岗位，中小微企业已成为推动国民经济增长的重要力量。但自2008年全球金融危机以来，我国逐渐进入增速换挡和结构性调整期，中小微企业经营困难愈发成为社会各界关注的焦点。在当前制约中小微企业发展的诸多因素中，税收负担问题日渐突出。

借助“中小微企业税务营商环境调查问卷”项目，[②] 问卷调

---

① 中小微型企业划分标准的依据是国家统计局《关于印发统计大中小微型企业划分办法的通知》（国统字〔2011〕75号），2011年起“微型企业”才单独作为一个统计分类纳入相关统计年鉴。

② “中小微企业税务营商环境调查问卷”是广东省地方税务局开展的一项连续性课题调研项目，主要参考世界银行发布的《全球营商环境报告》中的“税务营商环境指标”，再结合问卷调查、实地座谈等方法对广东以及国内主要经济发达省市的税务营商环境进行监测。自2012年以来，已经进行了4轮跟踪监测研究。

查显示，高达80.8%的中小微企业认为，2014年、2015年税收负担明显减轻或有所减轻。进一步分析中小微企业的微观税负变化发现，我国中小企业的微观税负水平从2008年的71.1%降至2013年58.6%，下降了12.5百分点。其中，广东中小微企业微观税收负担从2008年的76.9%降至2013年59.8%，下降了17.1百分点，同期江苏也下降了8.7百分点，全国以及粤苏中小微企业微观税收负担趋势性下降态势明显（见表3－1）。究其原因，一方面，2012年以来中央大力实施结构性减税的成效明显。仅广东地税系统2011—2015年就累计减免各项税收2 022亿元，剔除主动放弃企业，小微企业税收优惠政策实际惠及面100%；[①] 另一方面，2008年国际金融危机后，广东率先出台了《关于促进中小企业平稳健康发展的意见》等一系列文件，应对举措相对早于其他省市，政策红利释放充分。

表3－1　2008—2015年全国及粤苏中小微企业税收负担情况

年份	2008	2009	2010	2011	2012	2013	2014—2015
全国	71.1%	62.8%	51.3%	51.1%	56.7%	58.6%	进一步下降
广东	76.9%	55.7%	41.6%	48.8%	60.7%	59.8%	进一步下降
江苏	68.3%	63.5%	56.7%	53.5%	57.7%	59.6%	进一步下降

数据来源：2008—2013年数据来自《中国中小企业年鉴》，根据“营业税金/营业利润”计算所得；2014—2015年数据来自调查问卷整理所得。

① 广东省地方税务局：《“十二五”时期广东省地税局工作总结》，http://zwgk.gd.gov.cn/006941290/201606/t20160614_658791.html。访问时间：2016年9月10日。

当前，经济增速换挡引致的市场萎缩、利润下降，是中小微企业感到税收负担较重的经济原因。2010 年以来，我国进入经济增速换挡期，全国 GDP 增速从 2010 年的 10.6% 逐渐降至 2016 年的 6.7%，广东从 12.2% 降至 7.5%。因宏观经济“三期叠加”影响，主要处于传统行业中的中小微企业受成本上升、利润下降、市场萎缩等多重挤压，成本转嫁能力弱，难以像大企业那样通过提高价格向消费者进行负担转嫁，税收负担问题凸显。笔者在广东的佛山、东莞等实地调研发现，许多中小微企业保本微利运营，一些企业开工不足，只能勉强维持 6 小时/天的工作量。2008 年以来经济的结构性下行和中小微企业成长的“退出期”叠加，在一定程度上扩大了中小微企业税收阵痛的社会影响。

4. 税收痛苦指数高低之争

税收痛苦指数由《福布斯》发布，其全称为“福布斯全球税收痛苦和改革指数”，是根据各国的公司税率、个人所得税率、富人税率、销售税率/增值税率，以及雇主和雇员的社会保障贡献等计算而得，指数越高意味着痛苦程度越高。2009 年，我国的税收痛苦指数为 159，名列世界第二，仅次于法国的 167.9。与此同时，在 2012 年的《全球幸福指数报告》中，我国的幸福指数排行为全球第 112 名，排名相对落后。税收痛苦指数发布后，在我国引起较大反响。税收痛苦指数是一个非学术类指数，设计的指标过于简单，无法真实客观地反映一个国家或地区的税收负担水平，存在的缺陷很明显。最主要的是简单地用名义最高税率相加，忽视了法定税率和实际征收率的差距。发展中国家和地区的税收征管能力一般低于发达国家和地区，名义税率设计高，实际征收率不一定高。把名义税率等同于实际征收税率，显著提高了税负水平。但深入分析税收痛苦指数之后我们发现，该指数适用于收入较高的企业家和高收入高净值人群，正如报告指出的，适用“居住在相互联系的世界各地的具有全球流动性并拥有高技术的管理人员和企业家”。这些高收入人群适用最高边际税率的概率远大于中低等收入群体。值得引起关注的是，这些高收入群体占有的财富多、税收筹划意识强、全球配置资源的能力强，过高的边际税率不利于吸引这些高收入人群，这可能是近 20 年来，世界上企业所得税和个人所得税最高边际税率不断下降的重要原因之一。

二、经济全球化背景下发达经济体个人所得税税率的变化情况

个人所得税是发达经济体的主体税种。20 世纪 80 年代以来，国际上个人所得税制主要呈现两个特征。

1. 最高边际税率呈 L 型翘尾后温和上升

1980—2008 年全球绝大多数国家和地区个人所得税的最高税率呈下降趋势，如 OECD 成员国中个人所得税最高综合法定税率从 1981 年的 65.7% 降至 1990 年的 50.6%，后又继续降至 2008 年的约 42%，美国从 1981 年的 70% 大幅降至 2008 年的约 35%。受美国次贷危机引发的全球金融危机深度影响，2007—2013 年 16 个 OECD 国家的个人所得税最高税率温和上升，个人所得税最高税率下降趋势在部分国家和地区开始被扭转，28 个欧盟国家个人所得税最高税率的算术平均数从 2008 年略超 37% 升至 2014 年的约 39%，个别国家甚至对高收入群体开征惩罚性税收，如 2013 年法国对年收入 100 万欧元以上的个人开征税率高达 75% 的巨富税。这一巨富税短期内有效，但从长期看，它会导致税源加速外流至税负较低的地区。

2. 强化高收入群体的个人所得税管控

在降低个人所得税最高边际税率的情势下，高收入群体个人

所得税的规制机制发生重大转变，从没收性的激进式累进税制逐渐转向激励相容性的温和式累进税制，借助现代信息技术，通过加大力度创新管控手段和机制，加强高收入群体个人所得税税源的监控。如美国主要通过《海外账户纳税法案》、可选择最低税和放弃国籍税等多重制度，直接监控高收入群体的税收行为；欧洲主要通过限制高收入群体享受的税收减免、税式支出等优惠，间接封堵高收入群体逃避税漏洞。

国际上个人所得税最高边际税率发生上述一系列变化的深层次原因，是基于不同历史时期对税收公平目标与税收效率目标的权衡，以及对个人所得税制的收入效应和替代效应的取舍，[①] 也是应对国际税收竞争不得不作出的理性选择。

另外，随着税务信息化水平大幅提升，我国税务部门征管能力显著增强，导致企业实际税负不断逼近名义税负，宏观税负也随之高企，我国的宏观税负水平已显著高于周边发展中国家和地区（见表 3－2）。因税费负担较重、劳动力成本上升等原因，一些企业已开始将生产线转移至印度、越南等国家和地区，广东珠三角以及江浙等地的个别产业甚至出现了产业链整体转移的苗头。

表 3－2　2008—2014 年中国与周边国家和地区宏观税负比较情况

年份	2008	2009	2010	2011	2012	2013	2014
中国	21.3%	22.3%	23.3%	25.4%	25.4%	25.7%	25.3%
OECD 平均	33.2%	32.4%	32.6%	33.0%	33.4%	33.8%	34.2%
印度	15.5%	14.1%	12.9%	14.6%	14.8%	15.2%	15.5%
印度尼西亚	14.2%	11.9%	11.4%	12.2%	12.5%	12.5%	12.2%

① 向景：《高收入群体个税的加法与减法》，《中国税务报》，2016 年 3 月 9 日第 B02 版。

（续上表）

年份	2008	2009	2010	2011	2012	2013	2014
马来西亚	15.7%	16.1%	14.8%	16.3%	17.1%	16.9%	15.9%
菲律宾	16.2%	15.0%	14.8%	15.1%	15.8%	16.2%	16.7%

数据来源：中国数据来自《中国税务年鉴》《中国统计年鉴》；印度数据来自 India Public Finance Statistic 2014—2015；其余数据均来自 OECD Statistics 数据库。

三、对税负水平限度的思考

税负水平相对来说构成简单，比较直观，便于我们进行不同经济体之间的对比，但在税负水平的高低上，存在一些认识误区。澄清认识误区，对引导社会舆论有积极作用。

1. 税收负担不是越低越好，也不是越高越好

市场存在失灵的地方，这是政府存在的重要理由之一。政府的存在，就意味着需要运用社会资源，而税收成为政府有效运转不可或缺的财力保障。税收就是政府提供的公共服务对价。宏观税收负担低，一般意味着政府规模小，提供公共服务的能力弱，而现代社会具有复杂性这一显著特征，早已超出了亚当·斯密夜警国家时代，较低的宏观税收负担不利于政府提供基本的公共服务。社会国思想和福利国思想的兴起，政府承担社会保障职能任务更重，非生产性的政府需要征收更多的税收，带动了宏观税收负担水平的上升。美国、日本、德国的宏观税负水平从 1965 年的 23.5%、17.8%、31.6%，分别提升到 2013 年的 25.4%、29.5%、36.7%，OECD 非加权平均值从 24.8% 提高到 34.1%。[①]

① 《世界税制现状与趋势》课题组：《世界税制现状与趋势（2015）》，北京：中国税务出版社 2016 年版，第 10 - 11 页。

经济大国宏观税收负担持续上升，其重要原因是政府的社会保障职能增强。

2. 宏观税收负担水平主要由政府职能、经济结构和国际经济竞争等因素决定

研究发现，西方发达国家和地区的宏观税收负担在工业化以来有一个上升阶段。西方学者从财政支出扩张角度研究宏观税负水平提升的原因，形成了四个代表性假说：一是政府活动扩张论（瓦格拉法则）。该论认为现代社会的进步，政府支出必定比产出以更快的比率增加。二是梯度渐进增长论。考克和魏斯曼认为战争、经济大萧条等导致财政支出膨胀。三是经济发展阶段论。马斯格雷夫和罗斯托等认为，在经济发展的起飞阶段，公共支出增长不可避免。四是官僚拉动财政支出增长论。公共选择理论就认为官僚追求自身利益最大化的途径是提高预算规模。①

但近20年来，宏观税收负担基本稳定在一定水平。其主要原因有：

（1）政府职能基本稳定。发达国家和地区基本完成了向福利国家或准福利国家转型，社会保障制度健全，保障水平较高，一些社会保障支出规模还有压缩的可能。这是宏观税收负担相对稳定的制度原因。

（2）经济结构和产业结构升级较慢。发达国家和地区完成了工业化，进入了后工业化时代，经济呈第三产业化特征，虽然互联网经济、新经济等经济形态不断出现，但这些经济形态更大的作用在于提升资源配置效率，还没有出现熊彼特式那样创造性破坏的技术革命发生。这是宏观税收负担相对稳定的经济原因。

---

① 对政府支出扩张和宏观税负水平提升的详细介绍，参见朱丘祥：《分税与宪政》，北京：知识产权出版社2008年版，第126－128页。

（3）国际经济竞争限制了宏观税收负担的持续提高。在经济全球化的时代背景下，国家竞争一定程度上表现为经济竞争，经济竞争的一个重要方面是税收竞争，发达国家和地区纷纷下调企业所得税和个人所得税的最高边际税率，我国的企业所得税标准税率在 2008 年从 33% 下调至 25%，就是国际经济竞争在税收领域的体现。这是宏观税收负担相对稳定的国际原因。

3. 宏观税收负担应与政府的财政支出结构一体考量

宏观税收负担没有绝对标准，而且其绝对标准也没有现实意义。[①] 分析宏观税收负担应与政府财政支出结构相联系。比利时、丹麦、法国等国家的宏观税收负担都超过 45%，因其政府的财政支出结构以教育、医疗、养老等为主，提供的公共产品和服务质高量多，相对而言，社会各界接受的程度高。我国每年的人大和政协会议，一般都有讨论税收负担的提案议案，其隐含的深层次问题是希望政府进一步优化财政支出结构，根据经济社会发展水平的提高水平，着力增加教育、医疗和社会保障等方面的投入，并提升这些公共产品的覆盖面，让广大纳税人直接感受到看得见摸得着的公共产品和服务，提高税收是文明的对价的获得感。

第二节　从投资者甄别机制到投资甄别机制

一、以投资甄别机制为主的税收立法是现代国家税制的内在要求

英国法学史家梅因在《古代法》中得出一个著名结论：传统社会向现代社会转型的过程，就是一个从身份到契约的运动。[②]

---

① 高培勇：《世界主要国家财税体制：比较与借鉴》，北京：中国财政经济出版社 2010 年版，第 15 页。

② 参见梅因著，沈景一译：《古代法》，北京：商务印书馆 1959 年版。

现代市场经济的兴起过程，本质上就是去身份化的过程，发达国家和地区的历史无不证明了这一点。由于特定的历史原因，我国对不同的所有制赋予特定的历史内涵，并用法律规制不同所有制的发展空间。这些规定，首先表现为宪法对公有制和私人财产的保护等级不同。宪法规定公有财产神圣不可侵犯，对私人财产没有类似的规定。直到 2007 年《物权法》的颁布，才初步解决了公有财产和私有财产一体保护的法律障碍。[①]如《物权法》第三条规定：“国家实行社会主义市场经济，保障一切市场主体的平等法律地位和发展权利。”第四条规定：“国家、集体、私人的物权和其他权利人的物权受法律保护，任何单位和个人不得侵犯。”

在税收法律领域，从“一化三改造”到改革开放，生产资料的私人占有较少，对促进私人投资的法律没有立法的必要。1978 年改革开放以来，我国逐步允许私有经济发展，但其作用领域有限，税收上依然沿袭“一化三改造”后身份立法模式，对不同的所有制企业制定不同的单行法进行规范，如《国营企业所得税暂行条例》《集体企业所得税暂行条例》《中外合资经营企业所得税法》等。直到 1994 年制定的《企业所得税暂行条例》，才统一了内资企业所得税制度；到 2007 年才制定新《企业所得税法》，统一内外资企业所得税制度。企业所得税制度的统一，从身份立法模式向行为立法模式转变，经历了近 20 年时间。

1949 年后，作为发展中国家，在国家竞争中需要实施赶超型

---

① 在对公私物权进行平等一体化保护进程中，出现了两种对立的观点：一种观点认为，市场经济条件下，任何性质的物权应平等一体化保护；另一种观点认为，对公私物权进行一体化保护，是违宪行为，是以平等保护为幌子，其核心和重点是保护极少数人的利益。北京大学巩献田教授是平等保护违宪说的代表。参见巩献田：《一部违背宪法和社会主义基本原则的〈物权法草案〉》，引自 http：//wenku. baidu. com/link？url = ts2VDONqG8g4IMXGf4tbUi6GGs3krDXbmMt0OavJEo9TvTBzzkNXsgRXIpw0pZXCRr2RVGUW_b5UB1Sv46VMam3D8wPKrv48ER5Me3mxQcy。访问时间：2016 年 12 月 4 日。

工业化战略，而发展中国家资本稀缺，又没有能力进行殖民扩张，除利用剪刀差把农业剩余转化为工业利润进行工业化资本积累外，吸引外资成为工业化起飞的又一途径。1978 年改革开放战略的实施，其中重要的一步是吸引外资。实行身份立法，对外资进行包括税收优惠在内的超国民待遇，在特定的历史阶段有其必要性。很多发展中国家和地区都不同程度地实施过身份立法。但市场经济体制的内核是通过价格机制，让市场在资源配置中发挥决定性作用。以身份立法，是一种所有制歧视，它会造成不平等竞争，干扰价格机制，导致资源错配，不能把资源配置到效率高的领域，造成社会资源浪费。随着我国对市场经济认识的深入，市场在资源配置的地位，由否定市场到国家计划为主、市场调节为辅，再由基础性地位提升到决定性地位，发生了多次质的变化。这一变化过程，最直接的影响之一是我国民营经济快速发展，告别了长期困扰我国的短缺经济。税收法制领域因此逐渐告别身份化立法模式。

二、投资者甄别机制的模型构建及其经济学解释

身份立法是一种投资者甄别机制，实际上是政府对投资环境进行歧视性定价。投资环境质量可视作一种产品。现假定政府是投资环境质量的垄断提供者。根据垄断定价原理，处于垄断地位的投资环境质量供给者可以对购买投资环境质量的投资者进行歧视定价，即建立投资者甄别机制，以对不同类型的投资者进行区分[①]。

① 该模型由作者和苏月中博士共同构建。引自向景、苏月中：《促进我国私人投资的税收制度创新——从投资者甄别机制到投资甄别机制》，《财经研究》2004 年第 8 期，第 59 -61 页。

假设1：经济中只有A、B两类投资者，他们以投资额从政府处购买投资环境质量。投资环境质量以X示，X越大，投资环境质量越高。政府对每单位投资环境质量索要的投资额以$P(X)$或P表示。A、B两类投资者的效用函数为拟线性效用函数，分别以$U_A(X_A, Y_A)$和$U_B(X_B, Y_B)$表示，$U_A(X_A, Y_A)=U_A(X_A)+Y_A$，$U_B(X_B, Y_B)=U_B(X_B)+Y_B$，$U_A(X_A)$和$U_B(X_B)$为凹且可微，$Y$表示花费在除购买投资环境质量外的其他经济行为（如储蓄、消费等）上的货币，Y为非负。

假设2：把两类投资者看作一个整体时的投资需求弹性为$\varepsilon=-\frac{dX_0/X_0}{dP_0/P_0}$，A类投资者的投资需求弹性为$\varepsilon_A=-\frac{dX_A/X_A}{dP_A/P_A}$，B类投资者的投资需求弹性为$\varepsilon_B=-\frac{dX_B/X_B}{dP_B/P_B}$，$\varepsilon_A>\varepsilon>\varepsilon_B>1$，意味着若政府对提供每单位投资环境质量索要的投资额稍微提高，则投资者对投资环境质量的需求大幅降低，从而使投资总额减少，且A类投资者对投资环境质量的需求和投资总额比B类投资者减少更多（减少额取决于投资弹性）；或者若政府对提供每单位投资环境质量索要的投资额稍微减少，那么投资者对投资环境质量的需求便会大幅增加，从而使投资总额增加，且A类投资者对投资环境质量的需求和投资总额比B类投资者增加更多（增加额取决于投资弹性）。投资者拥有的货币额为M，$M_A=P_AX_A+Y_A$，$M_B=P_BX_B+Y_B$，$M_A\geqslant M_B$。

假设3：政府有两种出售方案可供选择。其一是对两类投资者的出售价格相同，其二是对不同投资者索要的价格不同。政府提供每单位投资环境质量的边际成本为常数C，其目标是利润最大化。

投资者i（i=A，B）的利润最大化目标函数为：

$$\max_{X_i,Y_i} U_i(X_i)+Y_i \tag{1}$$

约束条件为：

$$M_i=P_iX_i+Y_i \tag{2}$$

把约束条件代入目标函数得：

$$\max_{X_i} U_i(X_i)+M_i-P_iX_i \tag{3}$$

其一阶条件为：

$$U'_i(X_i)=P_i \tag{4}$$

由于 $U_i(X_i)$ 的凹性，式（3）的二阶条件自动得到满足。在第一种方案下，政府的利润最大化目标函数为：

$$\max_{X_0}\pi_0=\max_{X_0}P_0(X_0)X_0-cX_0 \tag{5}$$

其中，$X_0=X_{A0}+X_{B0}$，X_{A0} 和 X_{B0} 分别表示政府对两类投资者的出售价格相同时向 A 类和 B 类投资者提供的投资环境质量。该目标函数的一阶条件和二阶条件分别为：

$$P_0(X_0)+P'_0(X_0)X_0=c \tag{6}$$

$$2P'_0(X_0)+P''_0(X_0)X_0\leqslant 0 \tag{7}$$

二阶条件自动得到满足，一阶条件可变形为：

$$P_0(X_0)\left(1-\frac{1}{\varepsilon}\right)=c \tag{8}$$

$$P_0(X_0)=\frac{c\varepsilon}{\varepsilon-1} \tag{9}$$

第二种方案下，设产量组合和价格组合分别为（X_{A1}，X_{B1}），（P_{A1}，P_{B1}）政府的利润最大化目标函数为：

$$\max_{X_{A1},X_{B1}}\pi_1=\max_{X_{A1},X_{B1}}P_{A1}(X_{A1})X_{A1}+P_{B1}(X_{B1})X_{B1}-c(X_{A1}+X_{B1}) \tag{10}$$

该目标函数的一阶条件为：

$$P_{A1}(X_{A1})+P'_{A1}(X_{A1})X_{A1}=c \tag{11}$$

$$P_{B1}(X_{B1})+P'_{B1}(X_{B1})X_{B1}=c \tag{12}$$

二阶条件自动得到满足。一阶条件变形可得：

$$P_{A1}(X_{A1}) = \frac{c\varepsilon_A}{\varepsilon_A - 1} \tag{13}$$

$$P_{B1}(X_{B1}) = \frac{c\varepsilon_B}{\varepsilon_B - 1} \tag{14}$$

因为 $\varepsilon_A > \varepsilon > \varepsilon_B > 1$ ，所以

$$P_{B1}(X_{B1}) > P_0(X_0) > P_{A1}(X_{A1}) > c \tag{15}$$

所以对不同投资者实行同样的价格转变到实行不同的价格时，政府对提供每单位质量的投资环境向需求弹性大的 A 类投资者索要的投资额会减少，对需求弹性小的 B 类投资者索要的投资额会增加。两种选择方案给政府带来的最大化利润的差为：

$$\Delta\pi = P_{A1}X_{A1} + P_{B1}X_{B1} - c(X_{A1} + X_{B1}) - [P_0X_{A0} + P_0X_{B0} - c(X_{A0} + X_{B0})]$$

$$= \frac{cX_{A1}}{\varepsilon_A - 1} + \frac{cX_{B1}}{\varepsilon_B - 1} - \frac{c}{\varepsilon - 1}(X_{A0} + X_{B0}) \tag{16}$$

要使式（16）大于0，需有：

$$X_{A1} > \frac{\varepsilon_A - 1}{\varepsilon - 1}(X_{A0} + X_{B0}) - \frac{\varepsilon_A - 1}{\varepsilon_B - 1}X_{B1} \tag{17}$$

在满足式（17）时，政府会选择第二种方案，否则选择第一种方案。两种选择方案下，A 类投资者的效用变化为：

$$\Delta U_A(X_A, Y_A) = U_A(X_{A1}) - U_A(X_{A0}) - (P_{A1}X_{A1} - P_0X_{A0}) \tag{18}$$

根据 $U_A(X_A)$ 的凹性，有：

$$U'_A(X_{A0})(X_{A1} - X_{A0}) > U_A(X_{A1}) - U_A(X_{A0}) > U'_A(X_{A1})(X_{A1} - X_{A0}) \tag{19}$$

把式（4）代入式（19），则式（18）的取值范围为：

$$(P_0 - P_{A1})X_{A1} > \Delta U_A(X_A, Y_A) > (P_0 - P_{A1})X_{A0} > 0 \tag{20}$$

同理可得 B 类投资者的效用变化范围为：

$$0 > (P_0 - P_{B1}) X_{B1} > \Delta U_B (X_B, Y_B) > (P_0 - P_{B1}) X_{B0} \quad (21)$$

由式（20）和式（21）可知：

$$X_{A1} > X_{A0}, \ X_{B1} < X_{B0} \quad (22)$$

可见，与第一种方案相比，第二种方案下A类投资者的效用和对投资环境质量的需求增加，B类投资者的效用和对投资环境质量的需求下降，政府和A类投资者的效用增加以牺牲B类投资者的效用为代价。B类投资者为减少效用损失，会降低对投资环境质量的需求，从而使投资受到抑制。

当A类投资者的需求弹性趋向于无穷时，投资没有进出障碍，$P_{A1} = c = U'_A (X_{A1})$，A类投资者的效用已达到社会最优，在满足$M_A$的约束和政府可提供的最大限度的投资环境质量下可选择随意大的X_{A1}，从而A类投资者的投资总额会大大增加甚至可能超过B类投资者的投资总额。随着B类投资者的需求弹性增大到与A类投资者相同且最终都趋向于无穷时，P_{B1}会降低到与P_{A1}相等且最终都等于c，此时两类投资者的效用都已达到社会最优，获得同样质量的投资环境。即在市场由封闭转向开放时，因为资本可以在世界范围内流动，一国政府仅是投资环境质量提供者中的一员，如果一国政府对A、B两类投资者进行甄别，受到歧视的投资者会把其投资转投到没有进行投资者甄别的国家或地区。

投资者甄别机制的经济学含义是：一国政府在提供投资环境质量这一产品时，如果对投资者按身份进行甄别，收取不同的价格，在封闭性市场里，被收取高价的投资者的投资行为受到抑制；在开放性市场条件下，被收取高价的投资者会把其投资投向没有实行投资者甄别机制或者比该国收取的价格低的国家或地区。

三、确立投资甄别机制或行为立法模式为主的税收立法体制机制

进一步的分析表明，外国投资企业可在世界投资市场上自由进出，其弹性可视作无穷大，所以它获得社会提供的最优投资环境，其购买最后一单位质量的投资环境的边际效用等于提供此单位投资环境质量的边际成本。随着经济的进一步对外开放，国内私人资本的流动性增大（ε_B 增大），私人资本总额增加（M_B 增加），政府不再是投资市场的垄断者，仅是世界投资市场投资环境的提供者之一，政府对提供每单位质量的投资环境向私人资本索要的价格应减少（P_{B1}减少），向私人资本提供的投资环境质量要提高（X_{B1}），最终使私人资本的效用达到最优［$P_{B1}=c=U'_A(X_{B1})$］，以吸引私人资本，否则私人资本就会外流。

税收领域身份立法还有一个重要缺陷，是导致税收套利行为发生。有研究认为，因实行超国民待遇的税收优惠政策，我国引进的外商直接投资中，保守估计有20%～25%的外资为返程投资，即由我国内资到境外“留学”，然后再投资国内，享受外资在税收方面的超国民待遇。[①] 国际金融公司的一份报告也显示，2000年假外资比例达到30%～50%。[②] 这既损害市场公平竞争，又导致国家税收流失。

制度具有非中性特点。布罗姆利把制度变迁理解为制度交易，认为有四种不同的形式：一是提高生产率，二是进行财富的再分配，三是分配经济机会，四是分配经济优势。我国曾经实行

① 田孟清：《“假外资”：现状、危害、成因与对策》，《武汉大学学报》2008年第1期，第11－17页。

② 转引自唐伟霞：《FDI的假外资和外资避税问题研究》，《首都经贸大学学报》2009年第1期，第28－33页。

的投资者甄别的税收立法模式是一种分配经济优势的制度安排，而不是一种分配经济机会的制度安排。实践表明，从长期看，这种非中性的制度是一种没有效率的制度安排。在税收视野下审视我国的私人投资，可以发现以身份为主的投资者甄别机制的税收制度安排不利于私人投资意愿的增强。为促进产权的一体化保护和不同投资主体的平等竞争发展，我国的税收制度应进一步对分配经济优势的投资者甄别机制税收立法思想进行扬弃，确立分配经济机会的税收立法理念。

第三节　中等收入陷阱与现代税制的使命

一、中等收入陷阱的由来、形成原因及表征[①]

1. 中等收入陷阱的由来

中等收入陷阱最早见于世界银行 2007 年发布的《东亚复兴：关于经济增长的观点》和《东亚与太平洋地区报告：危机 10 年后的状况》两份报告，是指一个经济体从低收入水平阶段进入中等收入水平阶段后，资源和劳动力低成本优势逐渐丧失，新的要素竞争力和产业竞争力又未形成，在低收入经济体和高收入经济体的双面夹击下，经济增长停滞或增长速度大为放缓，导致经济和社会问题丛生的一种经济现象。不同的机构和专家，对中等收

① 这一节主要引自笔者的论文，收入本书时进行了较大幅度的修改。参见向景：《跨越中等收入陷阱与我国税收制度优化调整》，王南健主编：《广东地税调研报告·2013》，广州：暨南大学出版社 2014 年版。

入的标准给定存在差距。[①] 按照世界银行2010年的标准，一个经济体人均国民收入在1 000美元至12 000美元之间，为中等收入水平。[②]

从世界范围内不同经济体的发展来看，进入工业社会后，一个经济体从低收入水平发展阶段发展到中等收入水平阶段比较容易，但能成功进入发达经济体行列的就并不多。除美国和一些欧洲国家相对较早地从中等收入水平阶段自然进入发达经济体外，“二战”后成功跨越中等收入陷阱的经济体主要是日本和亚洲“四小龙”，即韩国、新加坡和我国的香港、台湾。曾经创造过经济发展奇迹的拉美诸国，如巴西、阿根廷和智利等国家，都不同程度地陷入中等收入陷阱。亚洲的马来西亚、越南等后发经济体，面临陷入中等收入陷阱的危险。一些专家根据我国改革开放以来的发展动力和发展战略分析后，对我国也发出如不调整发展战略则将陷入中等收入陷阱的警告。

日本学者把经济发展划分为三个阶段，即传统社会、贫困恶性循环阶段，经济发展初级阶段，经济快速持续发展阶段或经济进入停滞（低速）阶段，如图3－1。图中CE即是中等收入陷阱。[③]

---

① 如厉以宁教授界定的中等收入标准为人均GDP 4 000美元左右，参见厉以宁：《论中等收入陷阱》，《经济学动态》2012年第12期，第4－6页；蔡洪滨教授界定的标准为3 000美元左右，参见蔡洪滨：《中国经济转型和社会流动性》，《比较》2010年第51期。

② 世界银行的标准经常出现调整，且中等包括下中、中、上中三个级次。

③ 转引自李月、周密：《跨越中等收入陷阱研究的文献综述》，《经济理论与经济管理》2012年第9期，第64－72页。

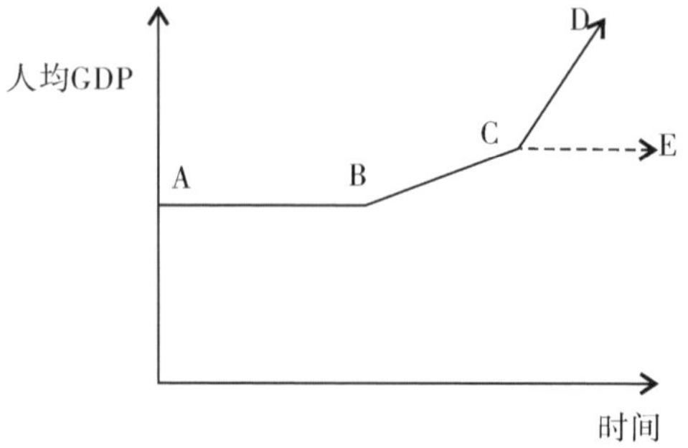

图 3-1　经济发展阶段划分

AB：传统社会，贫困的恶性循环

BC：经济发展的初期阶段，市场经济的初步形成摆脱贫困陷阱

CD：经济快速持续地发展，向高收入国家迈进

CE：未能实现经济的持续发展，经济进入停滞或低速阶段

对于中等收入陷阱，学界目前还有不同的意见。根据相关争鸣的论文，主要表现在两个方面：

（1）关于中等收入陷阱的有无。对是否存在中等收入陷阱，有“承认说”和“否认说”。承认说认同世界银行的判断，并不断通过实证研究，充实中等收入陷阱存在的可能性。我国学者张德荣、李月、周密、代法涛、张平等持承认说。[①] 孙立平、朱富强、华生、汲净等持否认说。持否认说的学者立论角度各异。孙立平等认为，我国现在需要警惕的不是中等收入陷阱，而是防止权力与市场的结合，进而出现权贵资本主义，防止利益集团把暂

① 参见张德荣：《“中等收入陷阱”发生机理与中国经济增长的阶段性动力》，《经济研究》2013 年第 9 期，第 17－29 页；李月、周密：《跨越中等收入陷阱研究的文献综述》，《经济理论与经济管理》2012 年第 9 期，第 64－72 页；代法涛：《跨越“中等收入陷阱”：理论、经验和对策》，《财经研究》2014 年第 2 期，第 54－66 页；张平：《中等收入陷阱的经验特征、理论解释和政策选择》，《国际经济评论》2015 年第 6 期，第 49－54 页。

时性的改革措施固定，美化成“中国模式”，导致经济增长和社会发展畸形化，陷入转型陷阱。[①] 朱富强认为中等收入陷阱本质上是一个伪命题，是一些新古典经济学家为了掩盖其在拉美地区政策失败而制造的一块经济学遮羞布，它实际上是由一些欠发达经济体采取收入分化政策提升资本积累率这一政策失误造成的。[②] 华生和汲净认为中等收入概念是模糊的，他们通过对学者们中等收入陷阱定义的分析，认为收入陷阱讨论的主要是发展中国家和地区如何跨越中等收入阶段。[③] 从现有的文献看，多数学者持承认说。

（2）关于中等收入陷阱的标准。中等收入陷阱之所以受到学界批评，是因为其标准不是很明确。不同的研究者使用中等收入陷阱概念，讨论的却是发展中经济体如何可持续发展的问题。有学者撰文，把中等收入陷阱分为绝对标准和相对标准。绝对标准是指长期不能从给定的中等收入阶段升级到高收入阶段。从绝对标准看，中等收入陷阱是一个增长陷阱。只要经济处于正增长状态，就能在某一个时间段跨越中等收入陷阱。如按姚枝仲设定的标准，一个经济体跨越 12.5 倍的收入差距，如果保持人均国民收入 4% 的增长速度，需要 64 年跨越；1% 的增长速度，则需要 253 年。[④] 相对收入标准是指某一处于中等收入范围的经济体出现增长率低于高收入经济体的情况。在不同的收入阶段，相对标准

① 清华大学凯风发展研究院社会进步研究所等：《“中等收入陷阱”还是转型陷阱》，《开放时代》2012 年第 3 期，第 125 - 145 页。

② 朱富强：《“中等收入陷阱”与中国发展策略》，《社会科学研究》2016 年第 1 期，第 34 - 44 页。

③ 华生、汲净：《中等收入陷阱还是中等收入阶段》，《经济学动态》2015 年第 7 期，第 4 - 13 页。

④ 姚枝仲：《什么是真正的中等收入陷阱》，《国际经济评论》2014 年第 6 期，第 75 - 88 页。

比绝对标准显示的增长陷阱更大。如人均收入低于美国2%的经济体中，其人均增长速度低于美国的概率是58%，负增长的概率是27%。[①]

2. 中等收入陷阱形成的主要原因

中等收入陷阱概念提出后，其研究者甚众，其形成原因的结论纷呈。总结中等收入陷阱形成原因，可发现两条研究路径：经济增长理论研究路径和制度经济学研究路径。[②] 这两条研究路径在近两年的文献中已多有交叉。

经济增长理论研究路径认为，中等收入陷阱形成的原因体现在三个层面：第一，是中等收入水平经济体的低成本优势消失，导致经济竞争力弱化。中等收入水平经济体一方面面临低收入水平经济体的低成本竞争，传统优势不再；另一方面，又不具备高收入经济体的产业竞争力和要素竞争力，新的优势没有形成。中等收入水平经济体在国际经济竞争中，处于两头受挤压的状况。第二，是中等收入水平经济体发展阶段的发展战略调整缺失。除资源型经济体外，一般的经济体从低收入阶段发展到高收入阶段，其动力机制不同，分别为要素驱动、投资驱动和创新驱动。很多陷入中等收入陷阱的经济体，总是停留在要素驱动、投资驱动的经济增长方式上，不能有效形成创新驱动的体制机制。第三，是工业化推进中停滞甚至倒退。中等收入陷阱本质上是经济增长问题，实质上是工业化遭遇重大挫折。工业化是一个连续的过程。拉美国家和前苏东国家陷入中等收入陷阱，最大的共同点是工业化出现停滞甚至倒退。美、日、德、法等国家相对顺利地

---

① 姚枝仲：《什么是真正的中等收入陷阱》，《国际经济评论》2014年第6期，第75－88页。

② 李月、周密：《跨越中等收入陷阱研究的文献综述》，《经济理论与经济管理》2012年第9期，第64－72页。

完成了工业化，进入后工业化社会。[①]

制度经济学研究路径认为，好的制度能够保护私有产权，降低投资的不确定性，激发投资主体的积极性。随着经济发展阶段的提升，固定资本投资、教育和对外开放度对经济的拉动作用将减弱，而经济增长对制度的敏感性越来越高。[②]有学者认为，尽管中等收入陷阱主要是以经济增长和经济发展的量化指标来衡量，但其内在本质还是制度转型困境，没有正确处理好发展与治理这两者的内在逻辑关系，使政府失效、市场扭曲及失灵、社会失范同时存在和相互牵绊，以致滞留在转型途中。[③]

3. 中等收入陷阱的若干表征

（1）制度质量不能适应发展阶段需要。研究发现，启动经济增长和维持经济增长要件不同。有学者从政治稳定、政府效率、腐败状况和管制程度等综合因素，构建了制度质量指标体系，发现制度质量指数高的经济体，人均收入都超过 13 000 美元；制度质量指数低的经济体，其人均收入水平多集中分布在 800 美元至 10 000 美元区间。[④] 进入高收入水平的经济体，如美、德、英、日、法等国，都有一整套严格保护私有产权的制度，防止公权力对私有产权的任意侵犯。

（2）增长性贫困问题突出。随着经济全球化的深入，相当多经济体从低收入水平阶段进入中等收入水平阶段。与之伴随的是，贫困现象随之发生深刻变化。1990 年世界上 93% 的贫困人口

① 刘世锦等：《陷阱还是高墙》，北京：中信出版社 2011 年版，第 113 页。

② 张德荣：《“中等收入陷阱”发生机理与中国经济增长的阶段性动力》，《经济研究》2013 年第 9 期，第 17 – 29 页。

③ 田国强、陈旭东：《中国如何跨越“中等收入陷阱”》，《学术月刊》2015 年第 5 期，第 18 – 27 页。

④ 转引自刘世锦等：《陷阱还是高墙》，北京：中信出版社 2011 年版，第 66 页。

生活在低收入水平经济体。到2007—2008年，占世界贫困人口72%、约10亿贫困人口生活在中等收入水平经济体。中等收入水平经济体的增长性贫困问题越来越突出。拉美地区的增长性贫困问题与过度城市化、工业化不足、土地改革滞后等紧密相连。贫困问题甚至在一些经济体锁定并开始代际传递，严重影响经济发展和政治稳定，使各种结构性改革难以推进。①

（3）要素和产业升级迟缓。要素和产业升级是防止资本边际报酬递减的前提。拉美地区长期推行的进口替代战略保护了落后产业。很多陷入中等收入陷阱的经济体，主要是在发展初期依靠廉价劳动力、廉价自然资源、引进技术启动经济增长后，在科学技术和教育上投入力度不够，无法形成支撑产业升级的能力。而亚洲四小龙主动调整发展战略，根据比较优势不断调整在全球产业链中的分工，强化要素升级和产业竞争能力建设，与拉美地区经济体形成鲜明对比。

中等收入陷阱的主要表征，我国在一定程度上同样存在，已引起中央高层关注，② 广东就如何跨越中等收入陷阱也进行了探讨和论证。③ 很多学者对国际经验教训进行了系统归纳和总结。这都为我国如何跨越中等收入陷阱做了舆论上和理论上的准备。

---

① 楼继伟：《中国经济的未来15年：风险、动力和政策挑战》，《比较》2010年第51期。

② 如李克强同志在2012年11月29日会见世行行长时，就谈到如何跨越中等收入陷阱，见相关网络报道。

③ 参见李扬、裴长洪：《广东经验：跨越中等收入陷阱》，北京：社会科学文献出版社2012年版。

二、从我国税制角度审视突破中等收入陷阱的成效与问题

跨越中等收入陷阱，是一个系统工程，其核心要义是如何进行制度创新，解决经济体创新能力不足和收入分配差距过大的问题。税收是经济社会发展的“晴雨表”，通过收入效应和替代效应，它可以引导资源配置，在促进自主技术创新和调节收入分配上发挥作用。自 1994 年税制改革以来，我国税制现代化取得重大进展，同时也存在一些不可忽视的问题，不利于促进自主创新和收入分配调节职能作用发挥。主要表现在以下几个方面：

1. 税收法定主义及其不足制约激发创新能力

持续激发和培育创新能力，是一个经济体可持续发展的关键。发达经济体成功跨越中等收入陷阱，在制度质量的重要表现，是严格保护私有产权。我国借鉴了发达市场经济国家产权保护经验，2000 年颁布施行的《立法法》，初步确立了税收法定主义价值取向，[①] 为税收制度的法律化和法治化奠定了坚实的基础，对激发和培育全社会的创新活力产生了不可估量的影响。但我国税收法定主义贯彻还不彻底，主要表现在：

（1）税制法律化步伐仍然较慢。目前仅少数几个税种是全国人大及其常委会颁布的法律制度，多数涉及纳税人切身利益的税制还是条例，经常随国家经济社会形势变化而通过行政手段调整，税收基本法或税法通则等重要税制还处于专家呼吁和论证阶段，导致税法的碎片化和补丁化。

（2）规模不断扩大的政府性基金侵蚀着税收法定主义。由于

① 《立法法》第八条之（八）规定，基本经济制度以及财政、税收、海关、金融和外贸的基本制度只能制定法律。

政府性基金的开征不如税收制度制定程序严格，加上分税制财政体制本身存在的缺陷，近年来在省一级政府层面，出现不断新设政府性基金的苗头，地方政府的非税收入占一般公共预算收入比重持续提升。2007—2015 年，我国非税收入年均增长率为 21.6%，远高于同期国内生产总值和税收收入的增长速度。尽管非税收入管理正不断完善，但仍存在法制建设薄弱、征收过程不规范、支出绩效缺乏监管等诸多问题。这实际上是对税收法定主义的实质突破，将制约和影响对全社会创新能力的培育。

2. 重产业扶持轻要素升级制约激发创新能力

1978 年改革开放以来，我国积极参与全球产业分工，利用低劳动成本和低资源价格优势，采用投资驱动型经济增长模式，快速启动了一轮工业化和城市化进程，创造了经济发展奇迹。作为一系列经济政策重要组成部分的税收政策，有利于中低端第二产业发展，不利于知识密集型第三产业发展，也不利于要素升级，特别是人力资源升级。当失去低成本优势时，没有升级的人力资本支撑不住先进制造业和现代服务业发展的高要求。

（1）社保税缺失不利于要素升级。因没有开征全国统一的社保税，城乡分割、省与省之间分割的社保制度阻碍了劳动力流动，特别是农村劳动力的素质提升。

（2）民办教育的税收政策扶持力度小不利于要素升级。国家扶持民办教育的税收政策与公办教育存在差别，对民办教育的扶持力度小，且下位法缩小上位法的优惠力度，制约了人力资本升级。

（3）个人所得税费用扣除标准低不利于要素升级。尽管其费用扣除标准已从 800 元提高到 3 500 元，但考虑到通货膨胀因素和生活成本的大幅提高，较低费用扣除标准不利于低收入水平人群的人力资本的积累。

3. 科技创新税收政策设计不科学制约激发创新能力

具体表现在：①战略性新兴企业投资大、周期长，企业所得税的优惠政策减免年限较短，企业能够享受的优惠机会有限。②高新技术企业的研发费用扣除、固定资产折旧标准较高，条件苛严，能够享受到税收优惠政策的高新技术企业有限。③部分优惠政策针对特定的纳税人，在纳税人数较少的情况下，税收优惠政策失去应有的作用，成为摆设。④科研人员股权奖励递延税收政策审批时间长，在一些省市造成无人真正享受的情况发生。广东省地方税务局的调研显示，在现行 19 项科技税收优惠政策中，有 5 项无享受情况发生，有 3 项享受户在个位数，有 7 项享受户数仅为 2 位数，只有 4 项的享受户数超过 3 位数。这些情况，与政策设计的初衷相差较大。[①]

4. 间接税调节为主及其调节的逆向性影响收入分配

我国增值税、营业税和消费税三大间接税占间接税和直接税的比重，[②] 从 1995 年的 66.4% 下降到 2015 年的 48.8% 左右，比重虽略有下降，但仍占支配地位（见表 3－3）。间接税以商品、劳务的销售额和营业收入作为计税依据，具有征收的广泛性、征管的便利性、收入的稳定性、负担的间接性、收入分配调节的累退性等显著特点。发展中国家和地区由于企业赢利能力较弱和税务部门管理能力不强，多选择间接税为主要税种。因边际消费倾向递减，间接税主要由中低收入阶层负担，税收制度总体上的“累退性”，反而扩大了社会贫富差距。从调节收入分配角度看，我国的主体税种存在较严重的逆调节现象。

---

① 罗达佳等：《科技创新税收政策实施效果评估报告》，吴紫骊主编：《广东税萃·2016 年调研报告汇编》，广州：暨南大学出版社 2017 年版，第 121 页。

② 营业税已于 2016 年 5 月 1 日全部改成了增值税。

表3－3　1995—2015年我国直接税和间接税变化情况

单位：亿元、%

年份	税收合计	间接税			直接税		间接税/直接税
		国内增值税	国内消费税	营业税	企业所得税	个人所得税	
1995	4887.8	2602.3	541.5	865.6	878.4		66.4：14.5
1999	10682.6	3881.9	820.7	1668.6	811.4	413.7	59.6：11.5
2000	12581.5	4553.2	858.3	1868.8	999.6	659.6	57.9：13.2
2001	15301.4	5357.1	930.0	2064.1	2630.9	995.3	54.6：23.7
2002	13969.6	6178.4	1046.3	2450.3	3082.8	1211.8	54.9：24.4
2003	20017.3	7236.5	1182.3	2844.5	2919.5	1418.0	56.3：21.7
2004	24165.7	9017.9	1501.9	3582.0	3957.3	1737.1	58.4：23.6
2005	28778.5	10792.1	1633.8	4232.5	5343.9	2094.9	57.9：25.8
2006	34804.4	12784.8	1885.7	5128.7	7039.6	2453.7	56.9：27.3
2007	45622.0	15470.2	2206.8	6582.2	8779.3	3185.6	53.2：26.2
2008	54223.8	17996.9	2568.3	7626.4	11175.6	3722.3	52.0：27.5
2009	59521.6	18481.2	4761.2	9014.0	11536.8	3949.4	54.2：26.0
2010	73210.8	21093.5	6071.6	11157.9	12843.5	4837.3	52.3：24.2
2011	89738.4	24266.6	6936.2	13679.0	16769.6	6054.1	50.0：25.4
2012	100614.3	26415.5	7875.6	15747.6	19654.5	5820.3	49.7：25.3
2013	110530.7	28810.1	8231.3	17233.0	22427.2	6531.5	49.1：26.2
2014	119175.3	30855.4	8907.1	17781.7	24642.2	7376.6	48.3：26.9
2015	124922.2	31109.5	10542.2	19312.8	27133.9	8617.3	48.8：28.6

数据来源：《中国统计年鉴（2016）》。

5. 直接税调节及其调节能力的有限性影响收入分配调节

直接税主要由所得税组成。很多发达经济体因企业赢利能力和税务部门管理能力较强，对商品实行低税率，更多地通过所得税组织财政收入，个人所得税是其第一大或第二大税种。我国的个人所得税从无到有，从 1980 年开征，到 1995 年占税收比重的 1.14%，再提升到 2016 年的 7%，其比重近年来稳定在 7% 左右，对调节收入分配逐渐发挥出作用。但与发达经济体个税收入占其税收收入比重 40% ~60% 相比，我国的个人所得税收入规模偏小，收入调节能力和功能有限。另外，我国的企业所得税实行比例税率，也具有收入调节上的累退性，不利于收入差距的缩小。

三、对我国税制优化调整的若干思考

通过将拉美和东亚经济体进行对比研究，我们发现跨越中等收入陷阱与陷入中等收入陷阱的税收制度呈现不同特征。跨越中等收入陷阱的经济体较好地坚持税收法定主义；宏观税负较为稳定；税制结构以所得税为主，注重发挥税收调节收入分配的作用；注重利用税收杠杆促进经济转型升级。陷入中等收入陷阱的经济体宏观税负偏高且波动较大；税制结构以货物和劳务税为主，所得税对收入调节的作用有限。[①] 我国的税制也与其他制度一道，承担着促进国家走出中等收入阶段的历史使命。

1. 全面贯彻执行税收法定主义

（1）加快税制法律化步伐。按照《立法法》要求，力争到 2020 年税收基本制度上收为全国人大及其常委会制定；主要税种

① 参见国家税务总局科研所课题组：《拉美和东亚国家中等收入阶段宏观税负、税收制度和政策比较研究》，《国际税收》2015 年第 9 期，第 55 –61 页；向景、温丽萍、魏升民：《智利跨越中等收入陷阱的税收政策评析》，《税务研究》2015 年第 10 期，第 86 –90 页；刘馨颖：《日本跨越“中等收入陷阱”的经验及启示》，《税务研究》2015 年第 11 期，第 72 –79 页。

的税收减免权由全国人大行使，个别地方性小税种的税收减免权由省一级人大行使，而不是由地方政府行使。

（2）加强政府性基金开征的程序限制。中央政府开征的政府性基金，须经全国人大及其常委会表决通过；省一级开征的政府性基金，须经省人大按立法程序表决通过，并报全国人大和国务院备案。

（3）限制实质课税原则适用范围。限制经济观察法即经济的实质课税原则运用，防止税务机关以实质课税原则为名侵害纳税人合法权益。

2. 进一步提升直接税的收入调节功能

（1）加快推进综合与分类相结合的个人所得税立法进程。充分考虑个人基本生活费用，抚养子女、赡养老人费用，教育费用等支出变化的国情，提高个人所得税费用的扣除标准，降低中低收入者的税收负担。

（2）加快新房地产税立法。在科学设置税制要素、凝聚广泛共识的基础上，全国人大加快房地产税相关立法工作，试点将保有环节的房产税、城镇土地使用税合并成为新的房地产税，逐步减少交易环节税费、增加不动产保有环节的税收，同时探索建立起房地产税收入与纳税人获益的关联机制，最大限度地发挥房地产税的税收治理功能。

（3）建立税收指数化机制。针对“虚拟性收入”，通过税收指数化对资本收入的部分做减免调整；针对收入组别的自然提高，通过对税率档次结构进行指数化调整，以应对通货膨胀对个人收入的影响。另外，实行少档次、低税率的个人所得税累进税率制度，建议将45%的最高边际税率下调至35%，税率档次由目前的7档减少至5档。

3. 健全完善有利于要素升级的税收制度

（1）理顺和落实民办教育税收优惠政策。在不违反现有税收法律法规规定的前提下，在非营利性民办学校认定标准上适当放宽，并给予与公办学校同等的税收待遇。营利性民办学校虽然以获取回报为目的，但也具有一定的公益性，可适当缩小其与公办学校在税收优惠上的待遇差别。

（2）降低奖金免税设定级次。鉴于高层次人才引进和培育的紧迫性，把奖金免征个人所得税标准由省部级、国务院部委和中国人民解放军军以上单位级次调整为地市级级次，提高地方政府对各类人才引进的积极性和灵活性。

（3）加大教育培训费用税前扣除力度。职工教育经费在工资总额2.5%的基础上进一步提高，在所得税前扣除，并扩大职工培训费全额税前扣除的适用企业范围，以应对学习型社会对人力资源升级的高要求。

（4）优化促进科技创新的税收优惠制度。对高新技术企业的认定管理，由年度考核改为周期考核，并设定3年为一个周期；简化研发费用的加计扣除政策，提高可操作性；对知识产权交易业务免征或减征企业所得税；允许中小科技型企业按高于一般企业的比例提高职工教育经费，促进创新型人才培养。

第四节 经济增速换挡对税制变动的影响

一、我国经济发展与税收增长关系变化情况[①]

1979—2008年，我国国内生产总值（GDP）年均增长率为

---

① 该节主要引自笔者主持的国家税务总局、广东省政府发展研究中心课题的部分成果。课题名称分别为“经济增速换挡对税收增速影响的国际经验借鉴研究”（课题编号：2015YB06）、“新常态对广东税收的影响及其对策研究”（课题编号：2015201）。

9.8%，快于同期世界经济增速6.8百分点。“十五”时期、“十一五”时期、“十二五”时期我国GDP年均增长率分别为9.8%、11.2%和8.0%，经济增速由高速增长转为中高速增长。大多数学者认为，中国经济由高速增长转向中高速增长，经济增速实现换挡已是大概率事件。如刘世锦运用三种不尽相同但可相互印证的方法分析，预计我国经济潜在增长率在2015年前后下一个台阶，时间窗口的分布是2013—2017年；[①] 蔡昉认为已经完成刘易斯转折区间的中国经济潜在增长率在“十二五”期间明显降低，并将于“十三五”期间继续降低，最终会进入一个新古典增长阶段；[②] 李扬等认为未来5到10年我国经济已经从过去30余年的“结构性增速”逐步转向“结构性减速”轨道，潜在增长率水平将会趋缓至“七上八下”格局；[③] 刘树成认为中国GDP季度增长率从2010年第一季度至2014年第四季度连续19个季度的回落过程，表明我国经济进入了由高速增长转向中高速增长的速度换挡期。[④] 从国际经验看，经济增长到一定阶段后实行增速换挡是自然的趋势。世界银行统计显示，“二战”后连续25年以上保持7%以上高增长的经济体只有13个，排除一些小国，剩余10个经济体都从第三个十年开始减速，第四个十年能保持7%左右增速的只有中国台湾，其余经济体基本都下降到4%以下。中国目前已进入高增长的第四个十年，经济增速维持在6%～7%区间已属

① 刘世锦：《增长速度下台阶与发展方式转变》，《经济学动态》2011年第5期，第3－9页。

② 蔡昉：《理解中国经济发展的过去、现在和将来——基于一个贯通的增长理论框架》，《经济研究》2013年第11期，第4－16页。

③ 参见李扬主编：《2016年中国经济形势分析与预测》，北京：社会科学文献出版社2015版。

④ 刘树成：《防止经济增速一路下行——2015—2020年中国经济走势分析》，《经济学动态》2015年第3期，第4－8页。

不易，经济增速换挡已是必然。

经济增速换挡现象，在我国被称为“新常态”。西方国家“新常态”的含义与我们当前的理解不同。早在2002年前，西方媒体就开始使用“新常态”概念，主要指无就业增长的经济复苏。2007年新一轮国际金融经济危机后，“新常态”开始为学界接受，多指发达经济体的低增长、低投资回报、高失业。在“新常态”来临之前，曾有一段人类历史上少见的较好的经济增长期，从20世纪80年代初至2007年，长达二十多年，被誉为“大稳定”时期。与1929年以后等历次经济波动较大的发展阶段相比，生活在大稳定时期是我们的幸运。1978年以来我国经济高速增长阶段与西方发达国家和亚非新兴经济体经济快速发展的大稳定阶段基本吻合。

大稳定时期有几个主要特征：首先，作为经济发动机的发达经济体总体上经济发展快，通胀水平低，经济发展波动缓和，没有出现严重的滞胀情况；其次，东南亚等29个新兴经济体在贡献“四小龙”后，再次创造经济发展奇迹，1990年其占世界GDP的4.8%，2007年提升至10.6%；再次，广大发展中国家取得长足发展，连拉美都取得年均3.2%的增长，非洲也迈出赶超步伐；最后，中国经济发展的结构性加速，为世界经济发展和大稳定炼成注入“中国元素”，成绩斐然。大稳定发展时期的到来，有其深层次的原因，具体表现在：

（1）科技进步。特别是信息技术的快速发展及其产业化，催生了新经济的快速发展。

（2）制度创新。旨在放松管制的政策取代凯恩斯主义，市场的决定性作用再一次受到青睐。金融自由化进程的加快，密切了金融与实体经济的关系。

（3）调控能力增强。政策制定者在货币政策和财政政策的运用上日益娴熟，显著降低了经济的波动和商业周期性波动幅度。

（4）国际分工深化。两大阵营长期意识形态对立的结束，资源的全球范围配置，让世界共同分享了全球化红利。[①] 发达经济体由于对大稳定时期信心十足，并提出了“大稳定长期论”，福山等著名学者乐观预言，并提出“历史终结论”，认为这一美好状态将伴随人类历史的始终。但2007年美国发生的次贷危机以及随后的国际性金融危机，终结了大稳定时期，全球经济社会发展迎来了不受欢迎的“全球新常态”。“新常态”在我国的表现，是经济增速换挡。

1994年分税制财政体制改革以来，我国GDP保持着快速增长，带动税收增长不断迈上新台阶。其中，名义GDP从1994年的48 459.6亿元增加到2015年的676 708亿元，增长了13.0倍；税收收入总额从1994年的5 126.9亿元增长到2015年的124 922.2亿元，增长了23.4倍。税收增速长期保持超GDP增速的高增长态势。经济增长与税收增长的关系表现为：

1. 经济增长与税收增长的阶段性特征明显

1995—2015年我国经济增长大致出现了三轮周期性或结构性变化，其中：

（1）1995—1999年为第一阶段，经济增长呈现下行趋势，名义GDP年均增速为13.2%，税收年均增速为15.8%。

（2）2000—2007年为第二阶段，经济增长呈现波动上行趋势，名义GDP年均增速为15.2%，较前一阶段提高了15.2%；税收年均增速为20.2%，较前一阶段提高了27.8%。

（3）2008—2015年为第三阶段，受周期性和结构性因素影响，名义GDP年均增速下降为11.5%，较前一阶段下降了24.6%；税收年均增速降为13.8%，较前一阶段下降了31.7%

① 相关论述参见李扬、张晓晶：《论新常态》，北京：人民出版社2015年版。

(见图 3－2、表 3－4)。

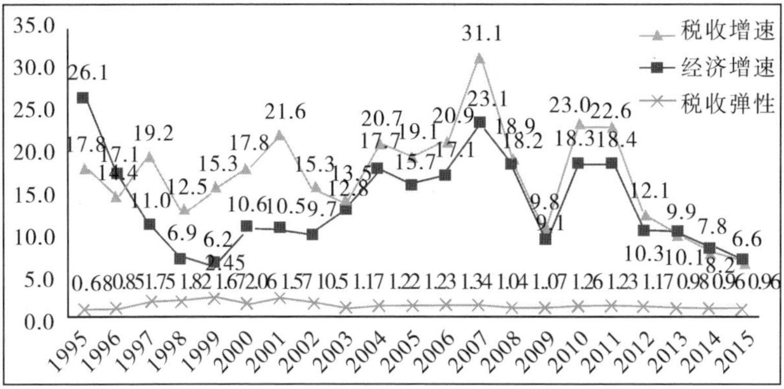

图 3－2　1995—2015 年我国税收增速与经济增速变化情况

数据来源：《中国统计年鉴（2016）》。单位：%。

注：为保持数据可比一致性，经济增速采用名义增速，下同。

重点对 2008 年以来经济新常态背景下的经济增长和税收增长变化进行分析，我们可以发现：①经济增速与税收增速均呈“先升后降”的同步变动走势。即受“四万亿”宏观刺激政策等影响，2008—2011 年经济增长和税收增长同步为上升区间，2012 年后政策刺激作用逐渐弱化，经济增长和税收增长同步转为下降区间。②税收增速变动幅度远高于经济增速变动幅度。2008—2015 年税收增速下降幅度比同期名义 GDP 年均增速下降幅度快 7.1 百分点。概而言之，1995—2015 年我国经济增长与税收增长的周期性或结构性特征明显，当经济增长处于上行区间时，税收增速明显大于经济增速；当经济增长处于下行区间时，税收增速下降幅度明显大于经济增速下降幅度。

表 3－4　1995—2015 年我国名义 GDP 与税收收入年均增速变化情况

年份	名义 GDP		税收收入	
	年均增速	较前一期变化	年均增速	较前一期变化
1995—1999	13.2%		15.8%	
2000—2007	15.2%	15.2%	20.2%	27.8%
2008—2015	11.5%	－24.6%	13.8%	－31.7%

数据来源：《中国统计年鉴（2016）》。

2. 经济性增长和征管性增长是税收增速超经济增速的主要原因

自 1994 年分税制财政体制改革以来，我国税收增长率长期保持超 GDP 增长的高速增长态势，1997—2012 年税收年均增速高达 18.2%，超同期 GDP 增速（13.5%）4.7 百分点，仅 1995—1996 年、2013—2014 年税收增长率低于 GDP 增长率。

关于“税收超 GDP 高速增长”之谜的原因分析，有“两因素说”“三因素说”和“多因素说”等多种观点，但“多因素说”逐渐成为通说。高培勇认为支撑我国税收收入持续高速增长最重要的源泉，是现行税制所具有的巨大的“征管空间”。[①] 吕冰洋、郭庆旺提出了税收增长的工业化红利假说，认为我国税收高速增长的原因是分税制的税收激励作用、间接税的税制放大作用以及税收增长红利的集中释放。[②] 刘金东通过控制价格统计因素，发现资产因素和征管因素带来的行业税负提高是税收超 GDP 增长最主要的原因，平均贡献率达到 80%；经济结构调整带来的经济因素是税收超 GDP 增长的第二大原因，平均贡献率为 10% ~

① 高培勇：《中国税收持续高速增长之谜》，《经济研究》2006 年第 12 期，第 13－23 页。

② 吕冰洋、郭庆旺：《中国税收高速增长的源泉：税收能力和税收努力框架下的解释》，《中国社会科学》2011 年第 2 期，第 76－90 页。

20%；税制结构调整带来的政策因素对税收超 GDP 增长带来的贡献非常小，在零上下小幅波动。[①] 从我国税收征管实践看，“多因素说”更为全面，但经济性增长和征管性增长是主要的因素，税制改革和税收政策变动也是重要原因。

二、日本和韩国经济增速换挡对税收增速影响分析[②]

作为第二次世界大战以后崛起的典型追赶型经济体，日本、韩国在经济发展史上均出现过高速增长时期和经济增速换挡时期，借鉴其在经济增速换挡时期表现出的税收政策调整经验，具有重要意义。[③]

1. 经济增速换挡的共性特征

（1）日本经济增速与税收增速变化情况。从经济增速看，战后日本经济具有明显的阶段性特征：①1945—1955 年恢复时期，主要在美国的扶持下进行战后经济重建工作；②1956—1973 年高速增长时期，GDP 年均增速高达 10.5%；③1974—1990 年中速增长时期，GDP 年均增速降至约 4.1%，较前一高速增长期下降六成（61.0%）；④1991 年至今经济低迷时期，1991—2015 年 GDP 年均增长率长期不足 1%，约为 0.9%，个别年份甚至负增长（见图 3－3）。可以认为，日本在 1974 年、1991 年进入经济增速换挡期。

① 参见刘金东：《中国税收超 GDP 增长的因素研究》，北京：中国税务出版社 2014 年版。

② 主要引自向景、魏升民、温丽萍：《日本、韩国经济增速换挡对税收增速的影响分析》，《税务研究》2016 年第 6 期，第 78－83 页。

③ 国际经验借鉴部分选择的代表性样本国家和地区，主要是日本、韩国。根据国务院发展研究中心的研究，这两个经济体经济增长与我国过去三十年的增长环境相近，增长轨迹相似，其由高速增长转向中高速增长的转型期所遇到的问题、挑战，以及制度和政策的演变过程的针对性、可借鉴性较强。详见刘世锦：《十三五时期经济持续增长的若干问题》，中国智库网 http：//www.chinathinktanks.org.cn/content/detail/id/2934135。访问时间：2016 年 2 月 22 日。

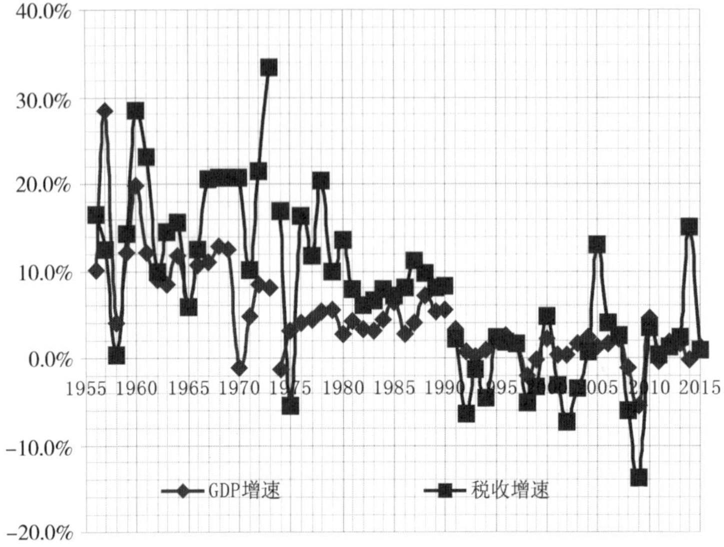

图3-3　1956—2015年日本经济增速与税收增速变化情况

数据来源：①1956—1960年GDP数据来自王琥生、赵军山编：《战后日本经济社会统计（1950—1986）》，北京：航空工业出版社1988年版。②1961—2014年GDP数据来自世界银行：《世界发展指标》，http://data.worldbank.org.cn/country/japan。访问时间：2015年10月25日。③1951—2014年税收数据来自Statistics Bureau：Japan Statistical Yearbook，http://www.stat.go.jp/english/data/nenkan/index.htm。访问时间：2015年10月25日。④2015年GDP增速数据、税收增速数据来自日本政府预测。

税收增速上，日本税收增速同样具有明显的阶段性特征：经济高速增长期，税收年均增速为16.7%，高出同期GDP年均增速6.2百分点；经济中速增长期，税收年均增速为9.6%，较前一阶段下降了42.5%，高出同期GDP年均增速5.5百分点；经济低速增长期，税收年均增速仅为0.1%，远低于同期GDP年均增速。税收增速甚至在1992—1994年、1998—1999年、2001—2003年等多次出现连续负增长（见图3－3）。

（2）韩国经济增速与税收增速变化情况。韩国经济在20世纪60年代开始起飞，长达30多年的高速发展创造了“汉江奇迹”。以1997年亚洲金融危机、2008年全球金融危机为分界点，韩国经济发展可明显划分为两个阶段：①1961—1997年的经济高速增长时期，GDP年均增速为8.9%；②1998—2007年的经济中速增长时期，GDP年均增速为4.8%，较前一阶段下降了46.1%；③2008年后进入经济低速增长时期，GDP年均增速为3.1%，较前一阶段下降了35.4%（见图3－4）。可以认为，韩国在1998年、2008年后分别进入经济增速换挡时期。

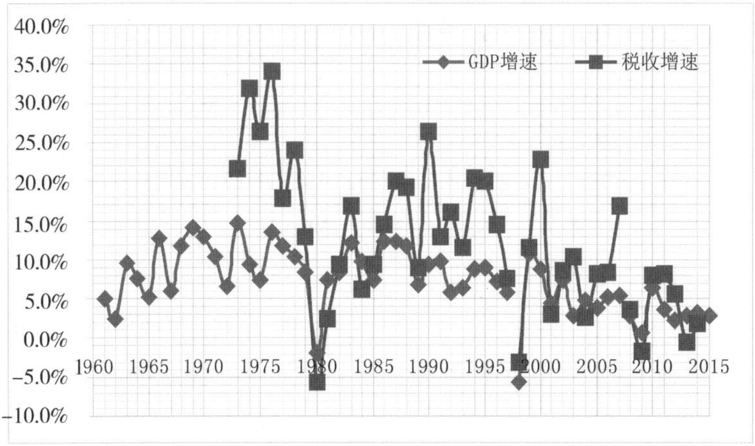

图3－4　1961—2015年韩国经济增速与税收增速变化情况

数据来源：①1961—2014年GDP数据来自世界银行：《世界发展指标》数据库，http：//databank. shihang. org/data/reports. aspx？source＝2&country＝KOR。访问时间：2015年10月25日。②2015年GDP数据来自韩国政府预测数。③1973—1984

年税收数据来自 OECD Statistics 数据库，http：//stats. oecd. org/，访问时间：2015 年 10 月 25 日。④1985—2014 年税收数据来自 KOSIS Statistical Database，http：//kosis. kr/eng/statisticsList/statisticsList_01List. jsp？ vwcd = MT_ ETITLE&parentId = M#SubCont。访问时间：2015 年 10 月 25 日。

经济高速增长时期，韩国税收年均增速高达 16.0%，高出同期 GDP 年均增速 7.1 百分点，税收增速超 GDP 增速特征明显；经济中高速增长时期，税收年均增速为 8.9%，较前一阶段下降了 44.4%，高出同期 GDP 年均增速 4.1 百分点；中低速增长时期，税收年均增速为 3.6%，较前一阶段下降了 59.6%，与同期 GDP 年均增速（3.1%）大致相当（见图 3 -4）。

综合来看，日本、韩国在不同经济增长时期的 GDP 增速和税收增速变化趋势较为一致，具有明显的台阶式下移特征，具体如表 3 -5 所示：

表 3 -5　日本、韩国不同时期的 GDP 增长和税收增长情况

国家	经济增长期	起止时间	GDP		税收	
			年均增长率	较前一时期变化	年均增长率	较前一时期变化
日本	高速增长	1956—1973	10.5%		16.7%	
	中速增长	1974—1990	4.1%	-61.0%	9.6%	-42.5%
	低速增长	1991—2015	0.9%	-78.0%	0.1%	-99.0%
韩国	高速增长	1961—1997	8.9%		16.0%	
	中速增长	1998—2007	4.8%	-46.1%	8.9%	-44.4%
	低速增长	2008—2015	3.1%	-35.4%	3.6%	-59.6%

通过分析我们发现，日本与韩国的税收增长除台阶式下降外，还表现出三个共性特征：①在经济高速增长期，税收远超GDP增长速度。日本、韩国的税收增速分别高出同期GDP增速6.2、7.1百分点。②在经济中速增长期，GDP增速下降幅度大于税收增速下降幅度。日本的GDP增速下降61.0%，税收增速下降42.5%；韩国的GDP增速下降46.1%，税收增速下降44.4%。③在经济低速增长期，GDP增速下降幅度小于税收增速下降幅度。日本的GDP增速下降78.0%，税收增速下降99.0%；韩国的GDP增速下降35.4%，税收增速下降59.6%。

2. 外部冲击和经济结构性变化是日韩经济与税收增速换挡的主要原因

一方面，国际经济金融危机冲击是重要外部诱导因素。日本、韩国是典型的外向型经济体，与全球经济体系高度融合，深受国际经济金融形势变化的影响，其税收增速换挡的前后变化，大体都与某一国际经济危机相重合。1974年石油经济危机、1990年经济危机前后，日本税收增速分别下降了38.8、5.9百分点。1997年亚洲金融危机、2008年全球金融危机前后，韩国税收增速分别下降了17.5、18.6百分点。国际经济金融危机过后，在完成经济增速换挡的同时，日本、韩国税收增速均发生不同程度的台阶式下移。

另一方面，经济结构性变化是关键内在因素。从劳动力要素看，日本在1960年代进入“刘易斯第一拐点”，20世纪70年代进入“刘易斯第二拐点”，劳动力状态从无限供给转向相对不足，制造业工资上升推动成本上涨，人口红利逐渐消失，人口老龄化加速。韩国高速增长期的劳动力年均增长率从1963—1973年的3.8%降至1973—1983年的2.9%，后又降至1997—1998年的2.6%。从资本要素看，日本资本形成率从1960年的33.2%降至1983年的29.8%，1991年回升至34.1%后又再度下降至2010年的 23.3%。韩国固定资产的净资本存量增加率从 1997 年亚洲金融危机前的年均 14.9% 降至危机后的 11.3%，2008 年金融危机之后再降至年均 3.5%。从生产率要素看，日本劳动生产率年均增速从 1980—1990 年的 3.38% 降至 1991—2012 年的 0.88%，后者仅为前者的约 1/4。韩国服务业生产率从 2004 年 67.2% 下降到 2013 年的 47.1%，全要素生产率对 GDP 的年均贡献度从 1998—2008 年的 2.7% 急跌至 2009—2013 年的 1.6%。供给侧的人口红利、资本效率、劳动生产率等关键指标的转换，引致日韩 GDP 增速和税收增速的同步转换。

3. 若干经验教训

日本针对从中速转向低速换挡阶段出现的经济增速下降、税收增速下降等问题，在 20 世纪 90 年代中期加大财政政策力度，20 世纪 90 年代末以来长期施行量化宽松的货币政策，虽然对经济和税收增长的稳定起到了一定的积极作用，但经济泡沫膨胀、破裂导致日本经济现在仍长期深陷技术性衰退的通道。韩国从高速向中速的转换阶段，一度寄希望于仿效日本的做法，尝试通过增强垄断、限制进入、免除债务等行政手段延缓经济下行趋势，刺激经济重回高增长轨道，但结果却使自己逐渐陷入产能过剩加剧与金融加杠杆的恶性循环。1998 年以后，韩国主动推动企业、政府等四大部门进行结构性改革，最终顺利实现经济增长的平稳过渡后进入中速增长期。

日本强化周期性的需求侧财政刺激政策，后遗症较大；韩国加大供给侧结构性改革力度，增长阶段转换过渡较为平稳。日韩经济体增速转换经历表明，一味采取宽松财政政策或宽松货币政策等反周期措施，刺激经济、刺激税收增长的效果并不理想，这甚至会导致经济陷入长期停滞。只有经过系统的结构性改革，实现与增长结构和动力转换相适应，才会赢得转型成功。

三、结构性减税支撑经济的L型增长态势

结构性减税、普遍性降费是近几年我国应对经济增速换挡，推进供给侧结构性改革的关键一环，二者的关联与匹配，与深化财税改革、完善国家治理密切相关，[①] 也是避免我国经济与税收增长断崖式下降的重要政策举措。最近的研究表明，减税不仅可以提升短期总需求，还可以长期改善供给效率。[②] 截至2015年7月，我国机关团体存款高达30.3万亿元，财政部门国库现金存款接近4.6万亿元，为较大幅度结构性减税留下腾挪空间。[③]

十八届五中全会提出要进行供给侧改革，并把十八届三中全会确定的税负总体稳定的"结构性减税"的提法改为降低企业税费负担水平。关键的问题是，当前和今后一个时期，我国有没有降低税费总体负担水平的可能，以及通过什么途径降低整个社会的税费负担水平。

1994年财税体制改革时我国的税收征管水平不高，税制设计采取"宽打窄收"策略，名义税负高，实际税负低。但随着税收信息技术的快速发展，税收征管能力大幅提升，导致实际税负水平不断逼近名义税负水平。当前，包括税费在内的政府收入已接近GDP的40%。如果我国宏观税费负担降到OECD国家和地区平均水平，将大致降低整体税费负担4~5百分点，以2015年的税收收入12.3万亿元计算（不含海关代征），可每年减税4 900亿~6 100亿元。另外，我国社保费从2010年的1.9万亿元

---

① 蔡昌：《结构性减税、普遍性降费的关联与匹配》，《中国财经报》2015年8月11日第2版。

② 申广军、陈斌开、杨汝岱：《减税能否提振中国经济》，《经济研究》2016年第11期，第70-82页。

③ 申广军、陈斌开、杨汝岱：《减税能否提振中国经济》，《经济研究》2016年第11期，第70-82页。

增加到2015年的4.4万亿元左右，年均增长23.4%。我国已经成为社保费负担最重的国家之一。社保费负担占到了企业工资总额的40%左右，成为中低端制造业企业的沉重负担。随着国家政策的进一步规范，中央部委和地方政府滞留了万亿元以上没有支出必要的预算，加上国有企业退出部分竞争性行业，都为较大幅度整体性降低整个社会的税费负担水平预留了空间。降低整体税费负担，不但具有必要性，而且也有可行性。

根据当前的宏观税收负担水平，只有从大税种大费种入手，才能取得整体性降低整个社会宏观税收负担、促进企业转型升级的效果。

（1）加快推进增值税改革。规范和简并增值税率档次，把标准税率由17%降至15%左右，把针对小微企业免征增值税的期限延长至新《增值税法》出台之前。同时清理规范税收优惠政策，优化税制，以增强制造业企业转型升级和参与国际竞争的支撑能力。这样既能减轻制造业企业税收负担，增强其在经济下行阶段转型升级和参与全球资源配置的国际竞争力，又可以通过降低企业流转环节税收负担，为加快直接税领域改革释放出一定空间。

（2）整体性降低市场主体费负负担。普遍性降费是与营业税改征增值税等结构性减税整体联动的一体化改革战略。提高社保统筹层次，逐步实现基本养老保险全国统筹。在充分论证、科学测算以及划转部分国有资本充实社会保障基金的基础上，降低养老保险单位缴费比例2～3百分点。将具有医疗性质的生育、工伤保险与医疗保险进一步合并为新的医疗保险，并进一步降低费率，减少市场主体的制度性交易成本。同时探索试点在经济波动阶段，给予困难较大的企业特别是困难较大的国有企业2到3年内采取阶段性缓缴社保费等政策。将养老保险缴费基数由员工工资收入修改为最低工资标准，减轻劳动密集型企业的负担。

第四章　税收治理现代化的微观视野：一个效率命题

从效率视角审视税收治理现代化，税收的征收率应高，遵从成本应低。征收率高的表现是实际征收率逼近法定征收率，可以用税收流失率衡量。遵从成本低的内在要求是征税遵从成本和纳税遵从成本最小化。这需要以新公共管理运动理论等为指导，借鉴和引进现代企业管理的方法和手段，不断健全完善科学的税收征管体制机制。

第一节　健全完善现代税收征管体制机制

一、建立健全面向自然人的税收征管体系

1949 年以来，我国的税收征管发展大致经历了五个阶段，可以分为五种模式：第一种是税收专管员模式（1950—1987），特点是一员进厂，各税统管，征、管、查合一，因缺乏监督机制，加上不利于专业化分工，这一模式被其他模式取代；第二种是三分离或两分离模式（1988—1993），实行征、管、查三分离或征管、检查两分离，强化税务部门内部的监督和分工，但依然存在征纳双方权责不明确等问题；第三种是三位一体模式（1994—1996），建立普遍的纳税申报、推行税务代理、实行税务稽查，三者之间的界限仍然不明确；第四种是现代税收征管模式

(1997—2002)，特征是以纳税申报和优化纳税服务为基础，以计算机网络为依托，集中征收，重点稽查，该模式基本与现代国际税收征管模式接轨；第五种是现代税收征管模式的升级版(2003—)，针对税收实际征管中存在的疏于管理、淡化责任问题，在现代税收征管模式的基础上，增加了“强化管理”要求。

受发展阶段的限制，无论哪一种模式，都是针对企业纳税人设计的。虽然我国自然人税收占税收收入的比重较小，但我国自然人税收增长较快，2001—2015 年，全国自然人税收收入从 1 475.6亿元增长到 14 693.5 亿元，占总税收的比重从 8.9% 提高到 10.8%，年均增速为 17.8%，分别高出同期总税收和国内生产总值年均增速 1.6、4.0 百分点。[①] 根据国际经验，随着经济结构的深刻调整、居民收入水平的快速提升、税制结构中直接税改革的到位，我国自然人税收收入占政府收入的比重，将可能逐渐提高至发达国家平均水平。

在经济转型阶段，在传统财税体制的巨大惯性作用下，现行面向自然人的征管框架面临着很大的挑战和现实问题，亟待重构。①现行税收征管体系以法人纳税人为主，自然人税收征管处于附属地位，即使是直接针对自然人征收的税种，也是通过现有的法人税收征管平台附征，对自然人的涉税管理规定，未能形成一个涵盖登记、申报、征管、法律责任的完整体系，独立的自然人纳税人和直接税征管平台尚未建立。②面向自然人的涉税信息散落化、碎片化，不同部门之间的涉税信息共享融合、整体联动程度低，严重制约着构建社会协同共治的征管格局。③高净值自然人的银行账户、资金流、土地、房产、股权变动等关键信息很

① 如无特别说明，本节所指的自然人税收，仅包括个人所得税和社保费。数据来自历年的《中国统计年鉴》《中国税务年鉴》。

难获取或及时准确获取，对高净值自然人纳税人的信息监控网络没有建立起来。税务部门与高净值人群之间存在着严重的信息不对称问题。④数字经济和新兴业态的快速兴起，以及税源跨境流动的骤增，对传统按管辖区域分割、封闭、静态的税收征管模式提出了严峻挑战。⑤我国社保费征收管理的主要依据是《社会保险法》《社会保险费征缴暂行条例》，因认识不统一，在全国范围内没有明确统一征收主体，影响政策的统一贯彻执行。面向自然人的税收征收一体化体制机制仍有待健全完善。[①]

为主动适应间接税、直接税制转换以及自然人税收比重提升的税制演进规律，2005 年全国人大常委会通过的《关于修改〈中华人民共和国个人所得税法〉的决定》，为构建面向自然人的现代征管体系提供了法律保障。国务院修订的个人所得税法实施条例、国家税务总局制定的《个人所得税自行纳税申报办法（试行）》，明确年所得 12 万元以上的纳税人应当自行申报，初步搭建起了面向自然人的现代征管框架。2015 年《深化国税、地税征管体制改革方案》进一步强调要从法律框架、制度设计等方面构建面向自然人的税收管理体系。

中央已明确提出要构建面向自然人的税收征管体系，但该体系是新生事物，其纳税申报方式、自然人识别号、税法遵从惩戒、涉税信息共享模式等方面存在较大争议，尚未达成共识。厘清这些关键问题，是科学构建面向自然人税费征管体系的前提。[②]

1. 纳税申报方式：以自主申报为主，还是以源泉扣缴为主

目前，国际上有两种面向自然人的纳税申报方式。

（1）实行完全的自主申报。即自然人在规定时间内向税务部

① 吴紫骊等：《构建自然人税费征管体系研究报告》，吴紫骊主编：《广东税萃·2016 年调研报告汇编》，暨南大学出版社 2017 年版，第 5 – 7 页。

② 下面几个关键问题，由笔者与魏外民在调研中共同整理，在此表示感谢。

门申报某一项或全部收入，税务部门根据其申报情况进行课税。法国、瑞士、新加坡是实行该模式的典型国家。

（2）以源泉扣缴为主，自主申报为辅。即仅对工薪等固定性收入采取源泉扣缴方式，其他收入采用自主申报方式。美国、英国、德国、日本、韩国等是实行该模式的典型国家，如美国源泉扣缴收入占个人所得税收入的70%以上。国内部分专家认为，自然人纳税申报方式要以自主申报为前提，其主要原因是：无论是综合税制，还是综合与分类相结合税制，自行申报制度均是必不可少的内在制度安排。且在税法权限内赋予自然人充分的自主权，有利于增强自然人合理判断自己纳税义务和税法责任的意识，是体现纳税人权利与义务匹配的合理制度安排。另有一些专家认为，完全自主申报模式不符合我国国情，应以源泉扣缴为主，自主申报为辅。因为源泉扣缴可避免税务部门与数以亿计的自然人纳税人直接接触，有利于简化纳税手续，降低税收征管成本，最大限度地保证国家税收收入及时入库。我国从2006年起，要求年所得12万元以上的纳税人在纳税年度终了后的3个月内进行自行申报，实质上就是这一模式的体现。国际经验表明，税务部门形成强大的涉税信息控管能力是一个长期的过程。建立税款预扣预缴的以源泉扣缴为主、自主申报为辅的纳税申报方式，更符合当前和今后一个时期的国情。

2. 自然人纳税识别号：使用身份证号，还是单独赋码

纳税人识别号，是构建面向自然人税收管理体系的基础性制度安排。1997年，我国开始着手建立纳税人编码制度；2015年，《税收征收管理法修订草案》明确规定完善纳税人识别号制度。关于如何建立自然人纳税识别号，主要体现为两种观点：

（1）直接使用现行居民身份证号。借鉴美国、加拿大以及我国香港等国家和地区的做法，将现行居民身份证号作为自然人纳

税人唯一的、终身不变的纳税识别号，并进一步扩展识别号的社会功能。

（2）单独赋码。借鉴澳大利亚、瑞典、智利等国做法，建立统一规范、严密合理的编码规则，赋予自然人在全国范围内唯一且终身不变、用来确认其身份的税收识别编码，在纳税义务发生的时候，直接使用该代码，并与身份证号、社会保障号等形成特定的同步钩稽关系。第一种观点更具有合理性。一方面，我国实行居民身份证制度时间长、覆盖范围广，积累了较为成熟的经验和丰富的数据库，有利于维护纳税人识别号的权威性和规范性。另一方面，身份证号与社会保障号是一致的，自然人纳税识别号、身份证号、社会保障号实现“三合一”，有利于税务部门归集和跟踪居民的收入支出状况，强化地方税费征管联动。绝大多数的国内学者也都赞成这一观点。

3. 税法遵从惩戒：以刚性执法为主，还是柔性管理与刚性执法并重

面对自然人纳税人数以亿计、管理难度高的趋势，充分发挥好纳税遵从惩戒机制的作用，是提高自然人税法遵从度的重要手段。对此当前学界主要存在两种争论：一是坚持刚性执法，其显著特征是指令性、单方意志性、强制性等。持该观点的专家认为，处于发展中阶段的中国，自然人主动纳税意识相对不高，税法遵从度较低，应借鉴发达国家和地区的经验，强化刚性执法，营造全社会税法遵从氛围。二是坚持柔性管理与刚性执法并重，适度弹性、注重效率、诚信激励与失信惩戒相融等是其主要特征，通过润物无声的作用，让自然人感受到人性化的执法刚性。第二种观点更具有普遍意义，我国《刑法修正案（七）》把偷税罪改为逃税罪的规定就是沿着这一思路修改的。

4. 涉税信息数据库建设：由税务部门主导，还是由财政部门主导

建立面向自然人的涉税信息数据库，是自然人税收管理体系的重要技术支撑。针对自然人涉税信息数据库的争论，主要集中在是由税务部门主导建设，还是由财政部门主导建设。一些专家认为，应由财政部门主导，因为财政部门集聚自然人涉税信息来源多、信息量大、覆盖面广，部门间协调能力强。另有一些专家认为，应由税务部门主导，因为“金税三期”已上线，由税务部门主导符合税收征管经济原则。鉴于针对自然人直接征收的个人所得税、房地产税等，与户籍、土地等要素之间密切相关，又同地方政府部门提供的公共服务密不可分，由税务部门主导自然人涉税信息数据库建设，更有利于降低制度运行成本。

二、税务组织结构优化的方向探讨

1994 年国税、地税机构分设后，对国税部门和地税部门之间的关系，主要沿着两个路径在研究：一个是从中央与地方税权配置角度进行研究，另一个是从征收效率或征收成本角度进行研究。从中央和地方税权配置角度进行研究的，在分析税权的属性和比较国际经验后，大多得出国税、地税分设的结论；从征收效率或征收成本角度进行研究的，结论不同，大致有合并论、分设论两种，合并论与分设论又有不同的模式。1994 年以来，对税务组织结构优化的研究出现了三波高潮。

1. 第一波高潮观点：休克式合并论、分设优化论、渐进式合并论

这一波高潮大致出现在 2002 年至 2003 年，某一经济特区曾传出国税、地税合署办公传闻。根据笔者参与的调研，在收集整理相关资料和座谈中，有三种代表性观点。第一种观点主张应立

即合并国税、地税两套税务机构，统一和集中税收执法权，精简和分流税务部门人员，即“休克式合并论”，以增强中央政府宏观调控能力，迅速降低税收征管成本、遵从成本和协调成本，提高税务行政管理效率。第二种观点认为，为了激励地方政府征税的税收努力程度，降低中央政府对地方政府的监督成本，充分利用专业化分工所带来的好处，税务组织应继续分设，并在此前提下对我国的税务组织进行优化，即“分设优化论”。还有一种观点认为，国税、地税两套机构采取渐进式合并优化的方式或许是现实的选择，即在国家税务总局职能不变的前提下，按照国税部门负责稽查、地税部门主管征收的基本思路，或者地税部门负责稽查、国税部门主管征收的基本思路，首先对国税与地税两套机构进行职能整合，待条件成熟后，再着手进行两套机构的实质性合并工作，以降低税收成本，提高征管效率，减少改革阻力，避免因税务组织急剧动荡可能引致的社会稳定问题发生。[①] 但经过较短时间的争论后，有关税务组织优化的讨论变得稀少。

2. 第二波高潮观点：维持论、做小地税论、合并论

这一波争论大致出现在 2012 年至 2015 年，主要是因为营业税改征增值税改革，营业税这一地方主体税种逐渐被增值税取代，地方税主体税种消失。国税、地税分设维持论认为，应按照十八届三中全会“完善国税、地税征管体制”精神，坚持国税、地税机构分设，并以构建地方税体系为契机调整国、地税征管范围，国税部门主要负责征收流转税，地税部门主要负责征收所得税和财产行为税。这样，与资源配置密切相关的流转税由国税部门征收，利于维护全国市场的高效统一；企业所得税替代营业税

① 这三种观点的梳理，引自广东地方税务局课题组：《我国税务组织结构优化研究报告（2003）》，未刊稿。

成为地方税主体税种，既可维持中央与地方财力格局总体稳定，又利于激发地方政府涵养税源的积极性；房地产税等财产行为税税基不易流动，地方政府更了解税源分布情况。[①] 做小地税论认为，随着市场经济的发展、税制改革的逐步完善和国库制度的改革，过去中央和地方税收混库的威胁已基本消除，两套税务机构同时并存的一些问题开始显得突出。考虑到两套税务机构人员安排，应通过人随业务走的方式，壮大国税机构，允许地方政府将地税机构并入地方财政部门，逐步削减地税机构。与此同时，加强两套机构的信息交流和合作，在征税范围方面，打破现有局限，按照方便、经济的原则，可以互相代征部分税种。例如，城市维护建设税等附加在货劳税上的税种，可以由国税代征，一些国税机构征收难度较大的税种，也可以委托地方税务机构代征。因十八届三中全会强调要“完善国税、地税征管体制”，国税、地税合并论的影响不大，主要是由一些座谈中的企业反映以及一些学者提及。

3. 第三波高潮观点：内融合模式论、内分离模式论

2015 年 12 月，中办、国办印发的《深化国税、地税征管体制改革方案》，明确要求国税、地税实现服务深度融合、执法适度整合、信息高度聚合。国税、地税合并的争论暂告一段落。国税、地税共建一个电子税务局，是贯彻落实改革方案的应有之义和具体举措。如何构建一个电子税务局，主要有两种模式之争：一是内融合模式，即实现国税、地税数据共享、信息共享、业务共享，国税可办理地税业务，地税可办理国税业务。二是内分离模式，即通过一个端口进入电子税务局后，国税、地税业务各自

---

① 广东地方税务局课题组：《新一轮财税体制改革与国地税征管范围调整研究》，吴紫骊主编：《广东地税调研报告（2015）》，广州：暨南大学出版社 2016 年版，第 139－149 页。

分离，部分非重点性或附加性业务可相互委托代办。广东税务部门正在积极探索的内融合模式电子税务局建设路径，在全国率先上线省级国税、地税共建的电子税务局，全面覆盖国税、地税业务，申报缴税、事项办理、办税服务、发票管理等 8 大类 820 项国税、地税业务可在电子税务局办理，预计每年减少纳税人上门次数 75%。从 2017 年 1 月 1 日起，广东省国税局、地税局原有网页上的办税入口关闭，全省纳税人（不含深圳）可通过广东省电子税务局一个入口登录，“上一个网，办两家事”，避免网上办税多口径、多头跑、多处报，将惠及 400 万单位纳税人和 4 200 万自然人纳税人，是我国第一个国税、地税业务通办的电子税务局。[①] 从我国国情看，广东税务部门正在探索的内融合模式，代表着国税、地税共建一个电子税务局的方向。

三、新公共管理运动与现代税收征管体制完善

新公共管理运动兴起于 20 世纪 70 年代末，是西方国家以经济、效率和效益为目标，借鉴商业管理理论、方法和技术，引入市场竞争机制的政府管理改革运动，以促进政府管理水平提升。[②] 我国包括税务在内的政府管理理念以及技术创新，如战略管理、目标管理、过程管理、风险管理等，都是在新公共管理运动影响下引入的。而对现代税收征管影响较大的新的管理手段和技术，莫过于战略管理理论。近几年我国税务部门提倡的顶层设计，实际上就是战略管理的应用。

战略管理是组织为长期的生存和发展，在充分分析组织外部

① 黄颖川：《元旦起国地税业务一网搞定》，《南方日报》，2016 年 12 月 30 日第 A02 版。

② 对新公共管理运动的详细论述，参见郭驰：《税收精细化管理研究》，北京：中国税务出版社 2008 年版，第 41－43 页。

环境和内在条件的基础上，确定和选择战略目标，并针对目标落实和实现进行谋划，进而依靠组织内部力量将谋划和决策付诸实施，以及在实施过程中进行评估和控制的一个动态过程。战略管理一般分为战略制定、战略实施和战略控制三个阶段，是以组织的发展作为出发点和归宿，是组织为了获得持久的竞争力而对外部机会、威胁和内部优势、劣势作出的主动反应。[①] 我国税务部门五年一次的规划，在某种程度上就是战略管理的生动体现。

国际上，越来越多的税务部门开始实施战略管理，编制管理规划和工作计划，增强管理的主动性和预见性。战略规划和工作计划的主要内容包括：①以结果导向的绩效目标编制战略规划；②出台客户服务章程，明确纳税服务标准；③与财政部门签署年度绩效合同；④优化资源配置；⑤重组税务组织；⑥建立现代人力资源管理制度。[②] 如美国国内收入局 2014 年发布的 2014—2017 年财年战略规划，是 2000 年以来的第 4 个战略规划，其战略使命是通过帮助纳税人了解并完成他们的纳税义务，为美国纳税人提供高质量的服务和公正公平的执行法律；战略愿景是用才华横溢的工作团队、创新的技术和友好合作来维护美国的税法系统，保持公众的信任；战略目标是提供高质量和及时的服务来减轻纳税人的负担，鼓励自觉遵从；目标和措施包括自觉遵从率从 83% 提升到 86%，纳税满意度指数从 72% 提升到 75%，执法满意度得分从 72% 提升到 75%，服务满意度得分从 91% 提高到 94%，个人电子申报率从 83% 提高到 90%。[③]

广东省地方税务局是我国较早实施战略管理的税务部门。如

① 向景：《广东地税实施战略管理的探索及其完善建议》，吴昇文主编：《广东地税调研报告（2009）》，广州：暨南大学出版社 2010 年版，第 56－63 页。

② 《世界税制现状与趋势》课题组编著：《世界税制现状与趋势（2015）》，北京：中国税务出版社 2016 年版，第 405 页。

③ 《世界税制现状与趋势》课题组编著：《世界税制现状与趋势（2015）》，北京：中国税务出版社 2016 年版，第 410－411 页。

其“十一五”规划，在战略制定上，组织的使命是收好税、带好队、服好务，组织目标是建设和谐发展的税收强省；在战略实施阶段上，“五大工程”是主要实施措施，“两基建设和九项改革”是辅助实施措施；在战略控制阶段，“四个更加满意标准”是组织发展战略科学与否的尺度。[①] 在新一轮财税体制改革进程中，加强税务部门战略管理，对优化税务部门资源配置、根据信息技术发展进行流程再造、按照纳税人类型重新改革内设机构等，都具有重要的作用。战略失误是最大的失误。在我国当前和今后的一个时期内，省以上税务部门应注重战略管理的理论自觉，建立战略管理委员会或战略管理小组，促进战略制定、战略实施和战略控制的协调统一，并以发达国家和地区为标杆，或与发达国家税务部门建立战略联盟，实现管理资源共享，以提高制度创新效率。

第二节　互联网+智慧税务

现代信息技术特别是互联网的兴起，改变了税收征收的运行轨迹，将改写税收管理的历史。2015 年 3 月，在全国人大、政协会议上，马化腾提交《关于以“互联网+”为驱动，推动我国经济社会创新发展的建议》；同年 3 月 5 日，李克强总理在十二届全国人大三次会议的政府工作报告中首次提出“互联网+”行动计划；7 月，国务院发布《关于积极推进“互联网+”行动计划

① 向景：《广东地税实施战略管理的探索及其完善建议》，吴昇文主编：《广东地税调研报告（2009）》，广州：暨南大学出版社 2010 年版，第 56－63 页。“五大工程”是指：规范化工程、教育培训工程、信息化建设工程、纳税服务工程、党风廉政建设工程。“四个更加满意”是指：各级党政更加满意、社会各界更加满意、广大纳税人更加满意、地税干部更加满意。

的指导意见》，对推进“互联网+”与各领域的深入融合创新提出明确要求；9月，国家税务总局印发《“互联网+税务”行动计划》，重点推进5大板块、20项行动，意在为税收现代化注入新动力，为税收服务国家治理提供强劲支撑，其中的行动目标之一是着力打造智慧税务生态系统。

一、智慧税务的本质与特征

2008年，美国的IBM公司提出的“智慧地球”项目得到政府肯定，被列为振兴美国经济、确立领先优势的关键战略。根据国家税务总局制订的《“互联网+税务”行动计划》，智慧税务是以全天候、全方位、全覆盖、全流程、全联通为主要理念，通过充分运用互联网思维、引入云计算技术、发挥大数据优势，推进物联网应用，促进纳税服务进一步便捷普惠、税收征管进一步提质增效、税收执法进一步规范透明、协作发展进一步开放包容，形成线上线下整合、前台后台贯通、统一高效的电子税务局。

1. 智慧税务的本质：人性化、便利化、智能化

一方面，智慧税务更为强调高效征纳效率。传统税务管理主要是注重税务部门的管理效率，对纳税人感受和成本考虑较少。智慧税务在依法治税的前提下，以纳税人感受为基础，强调业务流程的优化和办税方式的便捷化。如在“互联网+申报缴税”环节，支持银行转账、POS机、网上银行、手机银行、第三方支付等多种税款缴纳方式，保障纳税人支付环境安全。并借助银行等金融机构的第三方信息，探索自然人的实名认证、在线开户。在“互联网+便捷退税”环节，通过互联网理念改造退税流程，打通外部申请与内部审批环节，实现退税业务办理电子化、网上一站式办结。在“互联网+自助申领”环节，提供发票网上申领服务，引入现代物流配送纸质发票，支持通过互联网平台和自助办

税终端开具打印，实现税收证明的在线真伪查验。另一方面，智慧税务尤为注重综合税收成本最小化。超越了传统税收管理效率只是片面考量狭义税收成本，较少考虑纳税人的税法遵从成本和税收征管带来的超额成本的局限。智慧税务的效率是要实现综合税收成本最小化，既要考虑税务部门征收成本，又要考虑纳税人遵从成本和社会超额成本，既要考虑狭义的显性成本，又要考虑广义的隐性成本。

2. 智慧税务的技术支撑：大数据、物联网、云计算

大数据（Big Data），指无法在一定时间范围内用常规软件工具进行捕捉、管理和处理的数据集合，是需要新处理模式才能具有更强的决策力、洞察发现力和流程优化能力的海量、高增长率和多样化的信息资产。大数据被誉为“21 世纪的新石油”。大数据具有 5V 特点：Volume（大量）、Velocity（高速）、Variety（多样）、Value（低价值密度）、Veracity（真实性）。[①] 大数据提升了税务部门智能化的程度。①由数据收集者向数据分析者转变，促进数据向知识转化、向行动跨越；②由数据被索取者向服务推动者转变；③决策由预报向实报、精报转变。[②] 税务部门把数字权利与其他权利放在一个“权利篮子”里，提供给纳税人，带来了权力多中心化、结构网络化、过程互动化和方式协调化的益处。大数据技术的战略意义不在于掌握庞大的数据信息，而在于对这些含有意义的数据进行专业化处理，通过加工实现数据的增值。

---

① 百度百科“大数据”词条，http：//baike. baidu. com/link？url = 2mRcoth - J5Hqhl2PAw0jHsBz8oJji3CvcFsvObmCqMGdBbtXhQ6loJV - NADZGctWxcaunbYkxGzv22sSh_ MkI4lGWKsoAALRm5AD8D7SM7zv4 - _ H1yRmrTe02hn2Qk7 -。访问时间：2016 年 12 月 26 日。

② 刘叶婷、王春晓：《“大数据”，新作为——“大数据”时代背景下政府作为模式与转变的分析》，《领导科学》2012 年 12 月（中），第 4 -6 页。

物联网（Internet of Things），是通过射频识别系统、红外线感应系统、全球定位系统、激光扫描仪等信息传感设备，按照约定的协议，赋予物体智能，并通过接口把需要连接的物品与国际互联网连接起来，形成一个物品与物品互相连接的巨大的分布式网络，从而实现智能化物品识别、物品定位、物品跟踪、物品监控和管理。[①] 物联网起源于1990年施乐公司的网络可乐贩售机，被称为继计算机、互联网之后世界信息产业发展的第三次浪潮，实质上就是“物物相连的互联网”。互联网仍是物联网的核心和基础，但物联网终端可延伸到任何物品之间，并借助互联网进行智能化信息交换和处理。“物物相息”，以用户体验为核心的创新2.0版是物联网发展的灵魂。[②] 通过物联网的互联性和智慧化的功能，把全部税收要素立体化、虚拟化，这是以地理空间框架作为基础设施的基本目标。

云计算（Cloud Computing），是以虚拟化技术为基础，以网络为载体提供基础架构、平台、软件等服务为形式，整合大规模可扩展的计算、存储、数据、应用等分布式计算资源进行协同工作的超级计算模式。云计算具有虚拟化技术、动态可扩展、按需部署、高灵活性、高可靠性、高性价比等特点，其最重要的特质是计算资源能够被动态有效分布，消费者能够最大限度地使用计算资源而不需要管理底层复杂的技术。[③] 云计算的发展将使互联

---

① 刘锦、顾加强：《我国物联网现状及发展策略》，《企业经济》2012年第4期，第114－117页。

② 引自百度百科“物联网”词条，http：//baike. baidu. com/link? url = h99KH5YVnpiujCfmgLwE6hpMJSJoC9NrdGduE9BulEF0CZ0TJ_ －1lv5X6HwTIDvhL2km_WJXYQM761v－aaUdEKPF1NxabUJf5ivHLKc9x1AOVOvLQvjyKmwzBXo4FUkh。访问时间：2016年12月26日。

③ 吴吉义、平玲娣、潘雪增、李卓：《云计算：从概念到平台》，《电信科学》2009年第12期，第23－30页。

网的计算架构由“服务器+客户端”向“云服务平台+客户端”转变，能够将巨大的系统连接在一起提供各种计算服务，大大提高了计算效率。随着移动互联网的发展，移动云计算作为移动互联网和云计算结合的产物，催生出众多的信息服务和应用模式。[①]云计算正在快速发展中，需要技术的进一步发展，其标准的统一性问题才可能得到解决。

3. 智慧税务的主要载体：互联网+电子税务局

电子税务局是利用信息技术特别是互联网技术构建的，可以完成传统税务局各项管理与服务职能，并为纳税人提供更加方便、快捷、安全服务的E化的税务机构。[②]西方发达国家自新公共管理运动以来，为解决公共服务碎片化问题，塑造了“互联网+整体政府”公共服务新形态。“互联网+税务”就是“互联网+整体政府”的重要组成部分。具体表现为应用发展战略化、纳税服务多元化、纳税服务一体化、纳税人身份编码唯一化和标准化、涉税信息共享化和安全化。[③]电子税务局将实现办税渠道全覆盖、涉税事项全覆盖、服务手段全覆盖。在创新税收智慧服务的过程中，开发的理念是坚持“痛点思维”和“堵点思维”，着力于移动交互体验的深耕和细做，最大限度地降低使用负担，开发纳税人喜欢、体验较好的功能，如操作极致简化体验、搜索精准化体验、信息结构轻量化体验、引导流程人性化体验等，将“互联网+”的理念贯穿运用于“方便办税—政策宣传—服务评价—权益维护—税务咨询”等各个环节，整合门户网站、征管系

---

① 崔勇、宋健、缪葱葱、唐俊：《移动云计算研究进展与趋势》，《计算机学报》2017年第2期，第1-23页。

② 谭荣华、李伟、王敏、刘翰波：《电子税务局建设的若干问题研究》，《税务研究》2002年第12期，第26-31页。

③ 刘建徽、周志波：《整体政府视阈下“互联网+税务”发展研究》，《宏观经济研究》2015年第11期，第14-23页。

统、移动终端、自助办税等服务资源，进而实现电子税务局向网络税务社区转换。在建设电子税务局过程中，应坚持接入比拥有更有价值的原则，力戒大规模自建数据中心和信息系统，而应充分利用性能更为优越的云计算和大数据服务，从周期漫长的基础设施建设向政务服务快速创新转型。[①] 智慧税务的内涵结构如图 4－1：

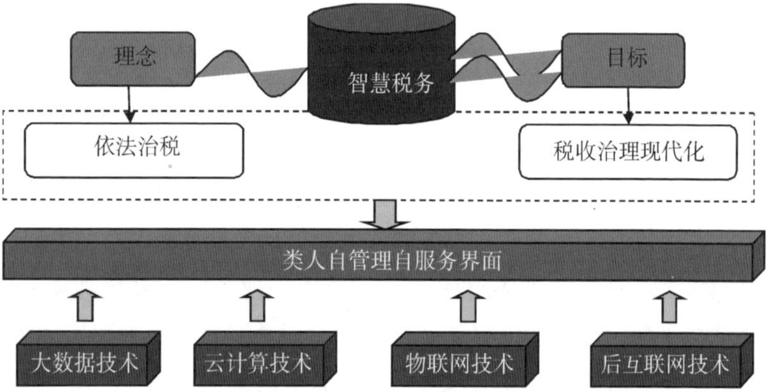

图 4－1　智慧税务的内涵结构图

二、“互联网＋智慧税务”的广东实践

美国、日本和英国等发达国家的“互联网＋智慧税务”已取得积极成效。总结这些国家的经验，其优势集中体现在：

（1）移动办税智能化。通过一个端口接入电子税务局各项办税服务，进一步对网上办税业务进行优化与提升，让纳税人多跑“网路”，少跑“马路”，为纳税人提供从足不出户到如影随形的办税体验。

① 张凌霄：《推进“互联网＋税务”行动计划的要点》，《中国税务报》，2015 年 7 月 24 日第 B06 版。

（2）预警自动化。通过互联网技术和大数据分析技术，把税收风险点内嵌在电子税务局系统中，及时自动提供风险警示，包括对纳税人纳税风险各个环节的预警，也包括对税务管理人员的执法风险警示。

（3）税收共治化。“互联网 +”提供了共治的技术基础，可以实现无界、平等、低成本的共治平台建设。通过网上税务社区建设，重点体现引导社会参与，发挥社会各界税收共治的积极性和创造力。

（4）涉税信息处理大数据化。通过大数据和云计算技术对涉税信息进行整合，挖掘分析纳税人需求偏好、纳税习惯、行为模式，了解纳税风险节点，建立自动纳税评估机制。

“互联网 +”概念尽管于 2015 年才在我国正式提出，但基于互联网思维、运用互联网技术推进我国税收治理现代化一直是税务部门和整个社会共同的事业。广东省地方税务局在税收信息化方面走在全国的前列，为我国智慧税务建设积累了经验。

1. 广东地税的全省通办业务①

按照《深化国税、地税征管体制改革方案》要求，广东地税系统主动顺应区域经济一体化发展、城市组群化发展趋势，提出 2016 年基本实现省内通办的目标，全力打造“全省一个办税服务厅”，着力实现业务办理规范化和通办业务广覆盖。全省地税业务通办的特征是：

（1）业务流程标准化。在《全国税务机关纳税服务规范》和《全国税收征管规范》的基础上，全面梳理各地的业务差异，统一规范通办事项办税资料、业务流程、办理期限、表证单书等，

① 该案例主要引自张惠冰、姚楚颖：《广东地税开启全省通办模式》，《广东地方税务》（内刊）2016 年第 11 期，第 31 – 32 页。

真正实现“服务一把尺子，办税一个标准”。

（2）业务广覆盖。509项业务事项95%可在网上办理，电子办税渠道业务量占比80%。全省通办事项范围和事项种类均居全国税务系统前列。

（3）纳税便利化大幅提升。广东地税依托金税三期系统，绘就“一网式+一门式”通办图，纳税人可突破属地办理限制在全省范围内自主选择公告授权的全省通办办税服务厅办理相关涉税业务，做到服务通办，管理机关、税款归属级次不变，使纳税的地域限制成为历史。广东省横琴地税编制了纳税便利化指数，设立包含5个一级指标和22个二级指标的纳税便利度指标体系，报告显示，横琴地税局的纳税便利度得分为90.84分，这从一个侧面印证了近年来我国税务便利化水平的显著提升。

2. 广东地税的微信办税[①]

广东地税联合广东省国税局和腾讯公司签署“互联网+税务”战略合作协议，在“互联网+办税服务”“互联网+数据应用”“互联网+税企共治”“互联网+征管改革”四个方面开展深层次战略合作，上线全国首个电子税务局，创新“五大体系”打造移动办税新业态。

（1）创新打造网上实名办税体系。通过微信绑定银行卡进行信息校验用户身份，进行实名办税，实现税款当天缴入国库，充分保障纳税人的信息、资金安全。广东地税微信办税实名绑定用户超193万，并以每天新增5 000用户的速度高速增长。

（2）创新打造税收电子证照体系。纳税人在手机上即可开具和查验多项涉税电子证明、税票和凭证，扫描电子证照上的二维

① 该案例主要引自乐清、周忠清：《广东地税创新打造微信办税“五大体系”，再树深化改革新品牌》，《广东地方税务》（内刊）2016年第11期，第30－31页。

码就能辨真伪，效力获得房管、车管等部门认可，有效解决最后一公里难题。

（3）创新打造全省统一体系。坚持以全国税收征管和服务规范为基础，实现业务规范、数据标准、系统建设“三统一”，广东地税微信办税面向全省 21 个地市提供服务，有效避免省市多级重复建设的问题。

（4）创新打造税收数据增值体系。运用大数据技术，深度挖掘 800 亿条涉税数据，主动向纳税人推送免费的涉税数据分析结果。个人能全面了解自身收入、涉税情况，有效提升税法遵从；管理者能全面掌握企业缴税、信用、税务风险情况，有效防控涉税风险。

（5）创新打造服务渠道开放共享体系。突破自有公众号传播局限，覆盖微信城市服务、网上办事大厅、广东发布等传播渠道，覆盖省市县各级地税微信服务号，形成一个高度协同的服务网络。自 2015 年 8 月份上线以来，广东地税微信办税业务量突破 1 600 万次，累计减少纳税人上门千万次，减少纸质资料报送近千万张，平均减轻税务部门征收前台业务人员年办理量 2 000 余笔，减少征纳成本超 10 亿元。在第二届世界互联网大会“微信·连接改变城市”分论坛上，广东地税微信办税获得“2015 年最受用户喜爱服务”奖。

从上述案例中我们发现，广东地税在构建智慧税务过程中坚持三个主要原则：

（1）坚持智能服务原则。突出涉税业务的网络化、信息化、自动化，实现涉税服务的智能化，自动分析需要主动向纳税人提供的服务事项，对于纳税人提出的服务要求，系统能够智能解答的，便根据涉税数据情况自动解答。同时，实现涉税数据的智能分析，自动提供波动规律，在对涉税数据的深度分析上，形成宏观决策依据，保证税收收入在经济波动范围内的稳定性。

（2）坚持依法治税、“互联网+”平台战略。依法治税是税收治理的根本，抓好税收法治各类规章制度建设，并形成系统性、科学性的税收法治制度。规范税收执法行为，形成尊重、遵守法律的氛围，提高税务人员的法治理念，增强依法行政的意识和能力。抓好“互联网+”平台的创新运用，在金税三期的基础上，运用互联网的传播优势，实现虚拟空间中“键对键”交流，税务人员在虚拟空间倾听纳税人诉求，解答政策疑问，办理涉税业务，改变传统的税收征纳和服务方式。

（3）坚持构建治理机制、运行机制和保障机制。在“依法”与“智能化”中间构建框架，完善“制度化管人”与“流程化管事”的现代税收治理结构；通过纳税人参与治理，发现税收治理过程不合理、不科学的环节。对系统自动提示的涉税风险，相应的职能岗位立即进行在线处理，构建完善绩效运行机制，把个人与部门、部门与单位打造成利益共同体。

三、影响智慧税务构建的瓶颈因素

我国的智慧税务构建整体上还处于初级阶段。智慧税务的构建与运行，离不开大数据和运用数据的人，而数据管税、数字鸿沟中存在的问题，是制约智慧税务构建的重要瓶颈。

1. 数据管理存在的问题

在数据管理方面，存在的主要问题是：

（1）缺乏数据管税的战略思维。把大数据理解为海量数据，而不是数据资产，没有从系统思维方面把大数据与税务组织结构再造、税收征收流程再造等进行统筹考虑，还停留于在传统的流程中注入信息化新手段、新工具、新方法。

（2）数据管理的基础不扎实。受现行分税制财政体制、法人税制为主和与之配套的税收征收管理法的影响，国税与地税之间、税务部门与其他政府职能部门之间涉税数据交换没有形成统一的标准，加上受《商业银行法》《保密法》相关规定的制约，数据管税还主要停留在税务部门征收管理系统的数据利用上。

（3）数据管税的应用层次较低。数据管税与微观经济数据、风险管理、纳税遵从提升等还没有建立起实质性的联系，离决策参考作用的发挥还有较大距离。另外，数据管税的平台有待进一步健全。① 概而言之，涉税数据的核心数据采集不到位、数据关联不匹配，数据管税存在边缘化、工具化、碎片化等问题。

2. 数字鸿沟问题

所谓数字鸿沟（Digital Divide），是指在信息化过程中，不同国家、地区、行业、企业、人群之间由于信息和网络技术发展、应用程度的不同以及创新能力的差别而造成的信息落差、知识分隔和贫富差距。税务数字鸿沟，指的是税务信息化过程中各地税务机关、上下级税务机关以及不同税务人员在获取、利用与接受信息资源上的差距。研究表明，数字鸿沟是因地区间经济发展不平衡，不同群体掌握信息技术的智力、条件差异，不同人群的文化程度差距和制度因素造成的。

在管理一体化、业务一体化、技术一体化的新要求下，税务数字鸿沟问题更加突出。根据税务数字鸿沟产生的主要原因，可将其分为三种类型：

（1）机会鸿沟。机会鸿沟指税务信息化过程中各地区的税务机关、上下级税务机关之间和不同税务人员获取税务信息资源时在机会上的差距。机会鸿沟主要由地区间经济发展水平的差距而产生。

---

① 广东省地方税务局课题组：《构建大数据时代下数据管税新格局的对策与建议》，吴紫骊主编：《广东地税调研报告（2015）》，广州：暨南大学出版社2016年版，第209－223页。

（2）利用鸿沟。随着信息技术的深入发展、信息数量的扩充和信息使用复杂性的加大，各地区税务机关之间、不同地区的税务人员之间、同一地区的不同税务人员之间同样存在信息利用上的差距，这种信息利用差距叫利用鸿沟。即使是同一地区的税务机关的税务人员，也会由于兴趣、能力和自然禀赋的差异，出现利用鸿沟。

（3）接受鸿沟。概指税务信息化过程中各地区税务机关之间、上下级税务机关之间以及不同税务人员之间接受税务信息资源的差距。接受鸿沟是一种文化自觉的鸿沟。随着税务信息技术的进一步普及，税务数字鸿沟的机会鸿沟会逐渐消失，利用鸿沟会逐渐缩小，更多地将表现为接受鸿沟。① 目前，我国税务部门的数字鸿沟，更多地表现为利用鸿沟和接受鸿沟，具体体现为数据管税方面的人才支撑不坚实，人员配置矛盾突出，技术力量对外部门依赖严重等。

构建智慧税务，一些技术标准还在形成中，需要在管理实践中优胜劣汰后保留下来。根据目前的认识水平，宜按照大数据理念深化业务的同质化改革，建立大征管格局，即依托数据流重组税收征管前后端业务，推动组织收入重心向数据驱动型转变，借助“互联网+”技术创新税收征管方式。② 与此同时，加大欠发达地区的税务信息化建设投入，消除机会鸿沟；发挥税务管理信息化水平较高地区的先发优势，提高税务人员的数据管税能力，缩小和消除利用鸿沟；培育税务信息化文化，缩小和消除接受鸿沟。

---

① 苏月中、向景：《我国税务管理信息化进程中的数字鸿沟及其跨越》，《税务研究》2007 年第 1 期，第 80 – 82 页。

② 广东省地方税务局课题组：《构建大数据时代下数据管税新格局的对策与建议》，吴紫骊主编：《广东地税调研报告（2015）》，广州：暨南大学出版社 2016 年版，第 209 – 223 页。

还应妥善处理好跨越数字鸿沟的紧迫性和长期性的关系。税务数字鸿沟是打造管理高效数字税务的拦路虎，增强跨越数字鸿沟的紧迫性，对变数字鸿沟为数字机遇具有重要意义。但跨越数字鸿沟，特别是利用鸿沟与接受鸿沟，涉及税务人员能力的提升和数据管税意识的培养，不是在短时间内能一蹴而就的。在消除机会鸿沟方面，可以在短时间内取得显著成效；在树立数据管税意识和提高数据管税能力方面，要做好打持久战的准备。

第三节　效率命题监测的维度

一、税务营商环境之维

营商环境是国际贸易与投资便利化程度的重要内容，是引导国际资本流动和产业转移的风向标。世界银行自 2003 年以来每年发布的《营商环境报告》，已成为各国企业在全球范围内进行投资布局的重要参考。税务营商环境是营商环境的重要组成部分，它是指企业遵从税法规定、在缴纳税费方面的条件和状况。该指标体系也是从外部监测税收治理现代化水平的较好指标。[①]

（1）指标简单，易于识别。世界银行 2003 年设计的指标，抽样对象是雇工人数 60 人以下的中小规模的非烟酒类工商企业；

---

① 笔者所在单位广东省地方税务局近年来已按照世界银行的指标体系，开始监测广东税务营商环境变化情况，并公开发表了一系列成果。参见广东省地方税务局税务营商环境课题组：《广东税务营商环境情况调研报告》，王南健主编：《广东地税调研报告·2012》，广州：暨南大学出版社 2013 年版，第 211－223 页；向景、刘中虎：《借鉴国际经验，优化我国税务营商环境》，《国际税收》2013 年第 2 期，第 57－61 页；向景：《提升国际化的税务营商环境》，《中国税务报》，2015 年 12 月 2 日第 B02 版；魏升民、向景、温丽萍、吴海民：《广东税务营商环境监测与优化建议》，《财政科学》2016 年第 2 期，第 131－136 页。

调查地点一般是一个经济体最大的商业城市，对超过1亿人口的经济体，选择首位城市和第二大城市进行调查。我国选择的城市是北京、上海；调查指标主要包括纳税个数、税费负担、纳税时间，三项指标，简单非加权值为排名依据。2017年发布的税务营商环境指标，主要由税种个数（次/年）、纳税时间（小时/年）、税费负担（总税费占税前利润的比重）和税后流程（增值税退税、所得税稽查和税务行政上诉等耗费时间）四项子指标构成的前沿距离分数衡量。前沿距离分数的区间为0～100，其中，0表示税务营商环境最差，100表示税务营商环境最好。

（2）可连续监测，易于持续追踪。税务营商环境的指标相对稳定，变化较少，抽样对象、调查地点基本固定，按照抽样原理发放调查问卷，经过简单的统计分析，即可得到结果。如广东省地方税务局自2012年以来连续4次监测广东省税务营商环境变化情况，选择与全球做比较的城市为省会广州市，同时调查珠海和东莞以进行对照，效果较好。

（3）可纵向横向比较，操作性强。在纵向比较上，可以看出一个经济体自身税务营商环境的变化情况。通过同样的指标比较，广东的税务营商环境可从2010年的全球中等偏下水平（第108位），快速攀升至2015年的全球中等偏上水平（第71位），提升了37个位次；变化最大的指标是纳税时间，由2010年的384小时/年，下降到2015年的171.5小时/年；税费负担从55.5%下降到2014年的50.6%后，又恢复到2015年的55.5%。在横向比较上，可以在国际层面评价不同经济体之间税务营商环境的差距，也可以在一个国家的省际层面比较不同省市之间税务营商环境的差距。如美国、中国和日本这全球最大的三大经济体，其2015年的税务营商环境排名分别为第36名、第131名、第70名。在纵向比较上，我国的税务营商环境国际排名从2008

年的130名，提高到2009年的第114名（历年排名最好年份），又降到2015年的131名。我国国际排名回落的重要原因是税费负担从2009年的63.5%提高到68.0%。

（4）通过座谈会形式，便于查找原因。在发放调查问卷的同时，还可以召开中小规模工商企业参加的座谈会，了解企业对税务营商环境的诉求，弥补调查问卷的不足。座谈中企业反映的问题，如政府收费项目太多、社保费负担重、堤围费收费制度不合理、区域税费政策非一体化、表格单证不能实现“一次填写、多次有效”、CA认证部门化等，都得到政府部门的高度重视。其中，广东在全省范围内暂停征收堤围费、实行省一级政府零收费制度、下调社保费率等，都是广东地税部门与其他部门一道，共同优化和提升广东税务营商环境的有效举措，得到纳税人的积极评价。

当然，随着“互联网+”的快速发展，突破时间和空间约束的移动办税将是税收管理和纳税服务的新常态，将纳税时间再继续作为占较大权重的指标，可能会严重影响税务营商环境指标体系的科学性，将掩盖税费负担等问题的严重性。这是在进行国际比较时需要关注的问题。

二、税务绩效管理之维

绩效管理是指为实现组织战略，利用绩效信息协助设定统一的绩效目标，进行资源配置与优先顺序安排，通过持续开放的沟通过程，以激励员工业绩持续改进，最终实现组织战略和目标的一种管理活动。公共部门绩效管理的核心理念是追求法律框架下的有效执行，通过绩效循环，即绩效标准设定—绩效观察—评估或诊断—绩效面谈—绩效改进五个环节，强调现代行政管理应坚持的经济、效率、效益和公正原则，提高管理效率。[①]

1. 传统管理与绩效管理的比较

在政府面临责任、回应性及公共服务质量的压力下，绩效测量及管理成为全球范围内政府改革的重要组成部分。发达国家在20世纪30年代就出现了政府绩效管理萌芽，但政府绩效管理直到20世纪80年代才获得较大发展。[②] 美国制定的《政府绩效与结果法案》（1993年制定，2010年修正），澳大利亚制定的《公共服务法案》（1999年）、《公共治理、绩效和责任法案》（2013年），日本制定的《行政机关政策评价法》（2001年），韩国制定的《政府绩效评估框架法案》（2006年），都是旨在专门推动政府绩效管理的法治化、制度化、规范化。[③] 绩效管理作为政府管理制度创新的工具之一，有利于正确引导部门和个人从组织使命和组织战略层面明确绩效改进的切入点，促进组织整体绩效的提升，克服传统考核方法简单化、考核指标模糊化、考核结果趋同化等弊端。传统考核与绩效管理的区别见表4-1：[④]

---

① 广东省地税局绩效管理专题调研组：《广东地税系统推行绩效管理可行性调研报告》，王南健主编：《广东地税调研报告·2011》，广州：暨南大学出版社2012年版，第88页。

② 范春辉：《绩效管理的美国纪事：评〈更快、更好、更省？——美国政府的绩效管理〉》，《公共行政评论》2015年第3期，第193-201页。

③ 冉敏：《国外政府绩效管理法制化研究述评》，《天津行政学院学报》2016年第1期，第88-95页。

④ 广东省地税局绩效管理专题调研组：《广东地税系统推行绩效管理可行性调研报告》，王南健主编：《广东地税调研报告·2011》，广州：暨南大学出版社2012年版，第91页。

表 4-1　传统考核与绩效管理的区别

比较项	传统考核	绩效管理
出发点	一维：注重员工过去做什么	三维：注重员工的过去、现在、将来
关注点	最终结果，关注问题，扣分为主	过程为主，肯定成绩，正面激励
实现效果	评分或等级评定	主要是诊断，其次才是评分
互动方式	由上而下单向沟通，心态封闭	注重绩效沟通反馈，开放心态、双向沟通

2. 我国税务部门绩效管理的实践与成效

早在 1995 年，江苏省南京市地方税务局便着手建立和推行以“三级岗考”为主体内容的绩效考核；1999 年，该局又推行能级管理和管理标准化，探索建立以战略导向和持续改进为主线的绩效管理体系。江苏省南通市地方税务局在 2001 年开始探索绩效管理，在 2009 年开发出电子化绩效管理系统，2010 年上线试点运行，2011 年初在全局全面实施电子化绩效管理考核。南通市地方税务局不仅要实现绩效考核模式的转变，更重要的是实现从单纯的绩效考核向绩效管理的提升，把组织的员工理念从“人力成本论”“人力资源论”提升到“人力资本论”境界，通过引入信息化手段，提高绩效考核的信度和效度，同时淡化末位岗概念，设立硬性指标为高压线，凡触线的即定为末位，从而形成组织内部文化，目的是帮助员工提高绩效，组织与员工之间是帮助和被帮助的关系。①

① 在 2011 年，笔者曾 4 次赴南通地税调研，通过文献和实地走访对比，当时国内税务部门相对成熟、科学的绩效管理体系当属南通地税的绩效管理体系。

广东省佛山市顺德区地方税务局从2001年开始推行效能考核，每年根据发展愿景和年度工作计划，制定考核指标并设定具体的考核达标分数线，对局内各单位、各分局进行考核；对考核结果实行“前位奖励制”和“末位及不合格处理制”；从2009年开始，按照“以能定级、以岗定责、岗能匹配、按级取酬、动态管理”思路，对协税员实行能级管理。广东省佛山市禅城区地方税务局从2009年以来，在总结多年使用执法责任制、效能监察平台等经验的基础上，引入现代管理新理念，有效整合各项管理改革成果，初步形成了“目标明确、职责分明、运转规范、控管有力”的目标绩效管理新模式。2011年，“禅城模式”的自动化考核程度高于“南通模式”，特别是在对部门的考核上，“禅城模式”基本做到了自动化的软指标的硬考核。

广东省地税局在禅城、顺德实践的基础上，借鉴江苏南通经验，于2011年在全省范围内试点推行绩效管理。这是我国税务系统第一个以绩效管理命名、在全省地税系统大力推行的绩效管理，开启了一个管理创新的新时代。2012年，广东省政府将广东省地税局选为绩效管理工作试点单位。2013年12月，国家税务总局提出“全面推进税收现代化、扎实推行绩效管理”的要求，广东省地税局被选为首批试点单位。

如果说税务营商环境是从外部测度税收治理现代化的一个维度，那么，近年来全国税务部门大力推行的绩效管理则是从内部测度税收治理现代化的一个维度。绩效管理是在外部压力下，税务部门的一次自我革命。广东地税在推行绩效管理的初期，不少干部职工对绩效管理存在“三大认识误区”，与南通地税在推行绩效管理初期碰到的问题相似：一是对通过绩效管理提升地税部门形象的紧迫性缺乏深刻认识；二是部分干部职工对绩效管理存在误解，将绩效管理等同于简单的检查考核和“扣钱扣分”，没有认识到绩效管理的根本目的不在于考核与监督，而是为了提高工作绩效和提升执行力；三是部分领导没有认识到在管理过程中帮助下属改进绩效也是其重要职责。

全国税务系统实施绩效管理取得积极成效。以广东省地税局的绩效管理为例，该局充分运用绩效管理理念和信息化技术，构建了业务、流程、人员三个“全覆盖”的绩效管理体系，做到部门与个人绩效指标联动，从 2011 年起在部分试点单位率先发轫，到后来覆盖省局机关 21 个部门、全省 21 个地级以上市和 140 个县（区）局共 23 000 多名干部职工（不含深圳市地税局、顺德区地税局，下同），持续进行了多年实践，阶段性成效明显。该局利用“金税三期”上线为契机，全面实现了“三个自动”考核，即自动取数、自动考评、自动反馈，有效避免了考核的主观性。通过绩效诊断环节，广东省地方税务局不断优化业务流程，提高工作绩效，仅 2014 年出台的《办理涉税事项业务规程（征管类）》，推进“先办后审”，就整合优化涉税流程 479 项，即办事项达 60%，减少表证单书和报送资料 126 项，减量占原总量的 1/4。在公文处理效率上，公文超期办理率在 2013 年为 34.71%，[①] 2014 年为 9.68%，2015 年 1—10 月为 5.63%；公文平均办结时间在 2013 年为 7.03 天，2014 年为 1.76 天，2015 年 1—10 月为 1.73 天。

3. 推进绩效管理应注意的几个问题

（1）绩效信息有效使用问题。绩效信息是在绩效管理过程中以各种方式收集的用于判断绩效的证据。绩效信息的使用则是指通过正式或非正式的方式收集并处理过的信息，以优化测量方案、配置资源，进而产生激励、价值等效用。[②]在税务部门使用

---

① 广东地税办公自动化软件自动考核，公文没有点击“结束”的，都统计为超期，实际公文超期率远低于 34.71%。

② 董静：《绩效信息得到有效使用了吗?》，《兰州大学学报》（社会科学版）2014 年第 3 期，第 73－79 页。

绩效信息过程中，同样要避免五种状况出现：机会主义使用，即支持自己立场的才予以使用，与自己立场冲突的就不使用或忽视；伪装使用，即尽管从绩效信息中获得决策依据，但并不承认使用这些信息；未觉察使用，即并不明确在使用绩效信息；清理式使用，即只有在发生重大事故时才使用绩效信息；伺机使用，即有的使用方式具有合理性，有的使用方式具有不正当性或欺骗性。为避免上述情形发生，应将绩效管理与组织战略结合起来，形成绩效信息使用的制度和惯例。①

（2）绩效管理科学化问题。税务部门绩效管理是借鉴企业的绩效管理发展而来的，税务部门管理的公共性或道德准则的模糊性，与企业清晰的数字化边界相比，问题复杂很多。政府部门绩效评价标准的设定成为一个争议较大的问题，绩效管理目的的正当性和合理性也受到质疑。② 单纯从技术理性角度无法发现政府绩效管理的真谛，过分强调某些目标将扭曲政府部门的行为。③绩效管理是政治理性与技术理性的统一，不能一边倒只强调技术理性，而忽略政治理性。推进绩效管理科学化，应走出绩效管理过程中遇到的价值困境、技术困境和制度困境，特别是要跳出技术理性导向下的“短视陷阱”。④

（3）绩效指标设定问题。绩效管理考核的科学性与否，无论是在技术层面，还是在价值层面，都与绩效指标的选取和设定密切相关。在绩效指标设定上，国外政府不是什么都设定指标纳入

① 董静：《绩效信息得到有效使用了吗?》，《兰州大学学报》（社会科学版）2014 年第 3 期，第 73 – 79 页。

② 范春辉：《绩效管理的美国纪事：评〈更快、更好、更省？——美国政府的绩效管理〉》，《公共行政评论》2015 年第 3 期，第 193 – 201 页。

③ 最典型的扭曲是我国对地方政府的 GDP 增长考核。锦标赛式的 GDP 增长考核，虽然简单易行，但长期实行带来了环境污染、社会建设投入不足等严重问题。

④ 王永明：《政府绩效管理科学化：理论分析、现实困境与实现路径》，《中国行政管理》2015 年第 11 期，第 41 – 44 页。

考核，比较一致的做法是运用 KPI 关键业绩指标法。企业运用的 KPI（Key Performance Indication）的特别之处，是围绕关键成果领域选取考核指标。企业最常见的关键业绩指标有三种：效益类指标，如资产盈利效率、盈利水平等；营运类指标，如部门管理费用控制、市场份额等；组织类指标，如满意度水平、服务效率等。英国的城市政府在借鉴 KPI 的基础上，构建了一套包括抱负、优先发展战略、能力、内部绩效管理、成就等关键指标在内的绩效评估指标体系。① 我们在优化税务系统绩效管理指标的过程中，同样需要坚持关键业绩指标法原则和方法，不能眉毛胡子一把抓。

三、税收精细化管理之维

精细化管理来自丰田公司的精益生产方式，是为了防止工业化大生产中大量生产方式出现浪费才应运而生的。2004 年国家税务总局在全国税务工作会议上提出在税收工作中要做到科学化、精细化管理，解决“疏于管理、淡化责任”问题，以提高税收征管的质量和效率。在 2004 年全国税务工作会议后，我国税务系统以及高等科研院所对税收精细化管理的探讨日渐增多，理性认识逐步深入。但大多数对税收精细化管理的理解，所涉及的内容大多是如何加强税源管理，基本上没有结合精益生产方式进行深入全面了解。② 郭驰根据精益生产方式的内在逻辑，综合新公共管理运动中政府管理出现的“市场化路径”和“科学化路径”优点，认为税收精细化管理是以实现税收的职能和建立回应型税务

① 姚望：《我国政府绩效管理现存问题及对策建议》，《地方财政研究》2016 年第 10 期，第 94 - 97 页。

② 郭驰对精细化管理以及税收精细化管理有一个全面的文献综述。参见郭驰：《税收精细化管理研究》，北京：中国税务出版社 2008 年版。

部门为目的，以精益生产和管理科学等理论为基础，以定义价值、识别价值流、流动、拉动和持续改进为原则和方法，以集约性、战略性、渐进性和匹配性为特征，持续提高税收管理效能的一种现代税收管理方法。[①] 这一定义抓住了精细化管理的实质。

税务营商环境重在从外部测度税收治理水平，绩效管理重在从内部测度税收治理水平，税收精细化管理是内外部相结合的监测指标体系。根据税收精细化管理的定义，税收精细化管理应包括执法规范、税收征收率高、管理成本低、社会满意四大价值。其中，执法规范、社会满意主要表现为外部的监测，税收征收率高、管理成本低主要是内部的监测。郭驰、向景根据平衡计分卡原理，在借鉴他人研究成果和征询专家意见的基础上，设计了一套测度税收精细化管理的指标体系，共分 4 个一级指标、9 个二级指标、43 个三级指标。税收精细化管理水平测度指标体系中，某些指标值无法得到实际数据，需要通过问卷调查才能得到，因此，采用主观赋权法中的灰色关联分析法来确定各指标的权重。[②] 以广东省地方税务局为例，利用该指标体系，2006 年该系统的精细化管理水平的无量纲化值为 70.1，属于中等偏上水平。[③]

税收治理现代化水平的监测，因角度和方法不同，指标体系设定同中有异，异中有同，每一套指标体系都有其优点和局限性。各测度指标体系取长补短，相互参照，对持续提高税收治理现代化水平助益良多。但税务部门自己的监测与外部的研究结论有一定差距，如在税收流失问题方面就存在较大的分歧。

税收流失作为一种经济税收现象，始终与税收共同存在。

---

① 郭驰：《税收精细化管理研究》，北京：中国税务出版社 2008 年版，第 29 页。

② 郭驰、向景：《税收精细化管理水平测度的理论探讨》，《税务研究》2007 年第 12 期，第 73－76 页。

③ 郭驰：《税收精细化管理研究》，北京：中国税务出版社 2008 年版，第 105 页。

A—S 逃税模型构建以来，对税收流失的研究从感性认识逐渐上升到理性认识。有专家对我国税收流失规模进行了测度，认为我国的税收流失额占 GNP 的比重虽然呈下降趋势，从 2001 年的 10.71% 下降到 2013 年的 9.99%，说明我国的税收征管能力一直在提升，但税收流失的绝对规模较大，2001 年占税收实征额的比重为 75.64%，2013 年下降至 51.16%。[①] 尽管作者在分析中说明，公开经济和地下经济加总后的税收流失规模的测算结果有可能比实际结果要小一些，但小多少，作者没有给出具体数据。问题是，经济数据与税收数据非一一对应关系基本为学界接受，加上我国的统计体系还有不完善不健全之处，直接用经济数据测度，能否如实反映我国税收流失的规模，是不是可能大大夸大税收流失的严重性？按郭驰的测算，广东省地税系统的税收征收率已达 75.5%，接近发达经济体的平均水平。税务部门与专家研究结论的不一致，主要是指标体系及其权重设置的不同，在发达经济体，这种情况也很正常。

① 参见贾绍华：《中国税收流失问题研究》（第二版），北京：中国财政经济出版社 2016 年版。

第五章　税收治理现代化的向度：人是目的

税收是国家的派生物，国家是人的派生物，二者都是为避免人的异化而产生的。任何不以人为目的的税收制度，都是前现代文明的产物，都将在人类历史演进的长河中被摒弃。税收治理现代化的向度，就是指向人是目的这一终极目标，这是现代税收制度的灵魂，也是税收治理现代化的出发点和归宿。

第一节　以平衡论形塑税收征纳关系的制度灵魂

我国税制正在由以间接税为主向间接税和直接税比重并重转型。纳税人和负税人的构成更加复杂，在税收征纳关系中，如何协调国库中心主义与纳税人中心主义之间的关系，成为税收治理现代化进程中必须面对和解决的重大问题。正在修订的《税收征收管理法》，正是架设征纳双方的制度桥梁。科学合理、体现先进性、富有时代精神气韵的《税收征收管理法》，不仅是政府组织税收收入的有力保障，更是一个国家和地区在世界文明进程中对人的价值的肯定。正如有学者评论，《税收征收管理法》作为一部调整公权力和私权利关系的法典，其重要性不逊于民法典，二者共同为法治中国奠定基石。[①]《税收征收管理法》的征求意见

① 腾祥志：《论〈税收征管法〉的修改》，《清华法学》2016 年第 3 期，第 86 - 104 页。

稿自2015年1月公开征求意见以来，社会各界都从不同角度提出意见建议，公开发表了一批高质量的研究成果。归纳起来，争论主要围绕国库中心主义和纳税人中心主义这一主线展开，焦点集中在纳税人的权利救济、执行罚力度、纳税诚信推定权三个重大问题上。

一、有权利必有救济及其对双重前置救济制度的审视

现行《税收征收管理法》第88条第一款规定，纳税人、扣缴义务人、纳税担保人同税务机关在纳税上发生争议时，必须依照税务机关的纳税决定缴纳或者解缴税款及滞纳金或者提供相应担保，然后可以依法申请行政复议；对行政复议决定不服的，可以依法向人民法院起诉。这就是权利救济的“双重前置”制度。该制度坚持的理念是国库中心主义立法的立场，以保证税务部门税收征收的便利性和国家税款及时足额入库。尽管双重前置制度基本实现了立法初衷，但随着经济社会的发展和现代税收理念的传播，这一制度受到了越来越多严厉的批评，认为这一制度是“花钱买救济”，是对纳税人救济权的限制甚至剥夺。纳税人救济权双重前置制度负面影响比较经典的案例是“河南一开发商‘非典型逃税’领4亿元天价罚单”。[①] 案中汇林置业公司因周口市地方税务局稽查局认定其逃税2 208万元，被处以7 093万元罚款，加上因不能及时缴纳罚款每天3%的加处罚款（210万元/天），从2009年6月至2010年2月，罚款总额累计达4亿元之巨。

征纳双方税收争议的双重前置制度立法例，自颁布以来就遭到学者的批判。正在修订的《税收征收管理法》部分接受了学者的观点，相对放松了国库中心主义和税收征收便利性的立法要

① 参见《河南一开发商“非典型逃税”领4亿元天价罚单》，http://news.sina.com.cn/o/2010-02-11/081817081596s.shtml。访问时间：2017年1月7日。

求。征求意见稿第126条规定，纳税人、扣缴义务人、纳税担保人同税务机关在纳税上和直接涉及税款的行政处罚上发生争议的，可以依法申请行政复议；对行政复议不服的，应当先依照复议机关的纳税决定缴纳、解缴税款或者提供相应担保，然后可以依法向人民法院起诉。这一修订，取消了复议前置的缴纳税款或者提供担保规定，但仍保留起诉前置的缴纳税款或者提供担保规定，即把双重前置修订为诉前一重前置。

在1992年《税收征收管理法》制定之际，除我国是权力管制过度的国家这个因素外，一个非常重要的财政经济原因是当时的税收制度汲取税收能力弱，远不能适应向税收国家转型过程中国家机器的正常运转。受放权让利改革模式的影响，中央在市场化改革的进程中，向地方放权，向国有企业让利，导致财政收入占GDP比重急骤下降，从1979年的28.4%下降到1992年的13.1%。1992年中央财政支出2 000亿元，赤字1 000亿元，赤字大部分向银行挂账；预算内收入中，中央财政只占28.1%，地方财政占比高达71.9%，而1988年美国、联邦德国等国的中央财政占财政收入的比重超过60%，英国、法国等超过80%，与我国形成鲜明的对比。时任财政部部长王丙乾当时曾说“穷得只剩下裤衩了”，其接任财政部部长则说“连背心都没有，只剩下裤衩了”，时任国务院副总理朱镕基认为，如此发展下去，“到不了2000年就会垮台，这不是危言耸听”。[①] 中央因此出台两项重大改革举措：一是实行分税制财政体制改革，向地方上收税权；二是制定《税收征收管理法》，加大对企业的税收征收力度。这是税收救济权利双重前置深层次的经济动因。经过分税制财政体制改革和《税收征收管理法》的制定，改革达到预期目的，财政收

① 该段相关数据和材料引自刘克崮、贾康主编：《中国财政改革三十年亲历与回顾》，北京：经济科学出版社2008年版，第323、325、327页。

入占 GDP 比重、中央财政收入占财政收入比重都与国际上大国的平均水平相当，甚至在大口径财政收入比较上，我国超过很多发达经济体。

无救济则无权利。仅有纳税人权利的列举，没有救济渠道或者救济渠道不畅通，纳税人的具体权利难以得到真正实现。[①] 特别是公民诉讼权利的保障，已经成为一种国际趋势。联合国第三次大会通过的《世界人权宣言》，1966 年联合国制定的《公民权利与政治权利国际公约》，[②] 1950 年制定的《欧洲人权公约》等都规定了公民诉讼权保障条款。如《世界人权宣言》第 10 条规定，保障任何人在接受私法上的权利及义务之判决或在接受刑事追诉时，有通过依据法律设置且公平的法院，在合理的期限内，接受公正的公开审理的权利。[③] 正是在这一趋势下，我国纳税人救济权制度的修订工作得以进行。

对纳税人救济权利的扩张如何改，形成了大致三种代表性观点：

（1）废除双重前置论。该论认为花钱买诉讼是法治社会的专断，并且我国《行政诉讼法》有起诉不停止执行原则的规定，诉讼前置条款实无必要；通过对原告特定行为的限制，如出境限制、大额消费限制、转让不动产限制等，可以达到目的；在自然人纳税人增多的情况下，可以矫正有资者和无资者原有的不平等

① 刘剑文：《〈税收征收管理法〉修改的几个基本问题——以纳税人权利为中心》，《法学》2015 年第 6 期，第 3－12 页。

② 中国政府已经于 1998 年 10 月签署了这一公约，但是全国人大尚未通过。

③ 转引自左卫民、朱桐辉：《〈公民诉讼权：宪法与司法保障研究》，《法学》2001 年第 4 期，第 3－11 页。

待遇，能更好地保护中小纳税人的诉讼权。[①]

（2）保留清税前置论。即纳税人在清缴税款或提供相应担保后，可以依法向人民法院起诉，在纳税人提出行政复议阶段，不需要先缴纳税款。这是国务院向社会公布的征求意见稿主张的观点，被学者们批评为带有浓厚的部门立法痕迹的立法例。

（3）降低清税前置门槛论。即纳税人在提起起诉前仍需要缴纳税款或提供纳税担保，但在比例设定上，可设定50%、20%等多种具体方案。持该论的学者认为，如比例设定为20%，既能体现《税收征收管理法》以纳税人为本位的精神气质，又不损害国家税款利益，真正实现了征纳双方的利益，立法阻力也相对较小。[②]

笔者赞同废除双重前置论。评价一国的权利保障状况，不仅要看其宪法和法律从正面赋予公民哪些权利，更要看相关的法律制度中有多少配套的救济途径。没有救济的权利，这样的法律只能是光鲜的一纸空文。我国的行政权力历来比较强势，税收征收的保障手段多，将来在新《个人所得税法》、新《房地产税法》等针对自然人纳税人的税种相继实施后，如果再继续规定强势的清税前置条款，有产者与无产者的税收救济权的差距可能将进一步扩大，立法者需要提前评估因此导致的社会影响。处理不好，有限量的税企关系将转换为呈几何数字数量的税人关系，税制的问题将转化为税务部门与纳税人之间的矛盾，税收的社会对抗加

① 参见腾祥志：《论〈税收征管法〉的修改》，《清华法学》2016年第3期，第86－104页；王霞、陈辉：《税收救济“双重前置”的法律经济学解读》，《税务研究》2015年第3期，第79－82页；廖仕梅：《废除税务行政救济前置条件的必要性与可行性》，《第二届“中国财税法治30人论坛”暨环保税立法和税收征管法修订专题研讨会论文集》（2016年7月，未刊稿），第345－353页。

② 刘剑文：《〈税收征收管理法〉修改的几个基本问题——以纳税人权利为中心》，《法学》2015年第6期，第3－12页。

剧，得不偿失。另外，废除清税前置条款，可通过税收利息、涉税情报交换、税收信用评级及惩戒等制度，约束和遏制个别纳税人的滥诉行为。

二、比例原则及其对滞纳金和税收处罚限度制度的审视

目前国际上对欠税行为的经济责任追究有三种形式：①税收利息，旨在补偿因纳税人推迟缴纳税款致使国家的货币损失，利率一般为银行同期存款或贷款利率；②滞纳金，为执行罚，旨在敦促拒不执行税务机关缴纳税款决定的执行生效决定；③罚款，旨在对税收违法行为给予经济制裁。[①] 我国现行《税收征收管理法》只规定了滞纳金和罚款，其中滞纳金兼具税收利息补偿功能和执行罚强制执行措施功能。征求意见稿把现行的滞纳金分拆为税收利息和滞纳金，税收利息的标准结合人民币贷款基准利率和市场贷款利率的合理水平确定（征求意见稿第59条），滞纳金按税款千分之五按日加收（征求意见稿第67条）。按日加收千分之五的滞纳金，相当于年利率182.5%；罚款的最高标准从5倍下调至3倍。征求意见稿中，无论是滞纳金标准设定，还是罚款标准设定，都远高于国际的通行规定水平，与我国其他法律规定的比例原则相去甚远。

比例原则是行政法领域的一项基本原则，现在已经上升为宪法原则，是当今国家权力行使的最高指导原则之一，无论是立法、行政或者司法，在行使公权力以完成任务的过程中，都要受比例原则的拘束。[②] 比例原则不是一个单一的概念，它包括三个

---

① 施正文：《〈税收征管法〉修订的法律难题解析》，《第二届“中国财税法治30人论坛”暨环保税立法和税收征管法修订专题研讨会论文集》（2016年7月，未刊稿），第197－206页。

② 姜昕：《比例原则研究——一个比较宪政的视角》，北京：法律出版社2008年版，第16页。

子原则：适当性原则，即行政机关在实施行政行为时，只有认定该行为有助于达到相应行政目的才能实施；必要性原则，即在多种可选择的方案中，选择对行政相对人权益损害最小的手段实施；均衡性原则，即行政机关实施行政行为的，目的和手段必须对称和相适应，不得采取超过目的需要的过度措施。① 在现代法治国家，比例原则是公理性原则而非政策性原则，是强制性原则而非导向性原则，是确定性原则而非不确定性原则，是法律性原则而非道义性原则。② 比例原则是对基本权利限制的限制。我国刑事法律、民商事法律都有比例原则的规定。在行政法领域，《行政处罚法》第 4 条规定的“设定和实施行政处罚，必须以事实为根据，与违法行为的事实、性质、情节及社会危害程度相当”，就含有比例原则要素的规定。2011 年通过、2012 年实施的《行政强制法》第 45 条规定：“行政机关依法作出金钱给付义务的行政决定，当事人逾期不履行的，行政机关可以依法加处罚款或者滞纳金。加处罚款或者滞纳金的标准应当告知当事人。加处罚款或者滞纳金的数额不得超出金钱给付义务的数额。”这更是比例原则的具体体现。

现行《税收征收管理法》第 32 条按日加收滞纳税款万分之五的滞纳金且没有上限限制的规定，征求意见稿按日加收滞纳税款千分之五的滞纳金且没有上限限制的规定，都是典型违背比例原则的立法例，已被正在实行的《行政强制法》立法例摒弃。后面的立法只能越来越先进和文明，不能因为继续坚持落后于时代的国库主义和税收征收便利化导致立法立场的倒退。美国滞纳金的上限是未缴税款的 47.5%，我国台湾的滞纳金上限是未缴税款

① 姜明安主编：《行政法与行政诉讼法》（第六版），北京：北京大学出版社、高等教育出版社 2015 年版，第 73 – 74 页。

② 姜昕：《比例原则研究——一个比较宪政的视角》，北京：法律出版社 2008 年版，第 27 – 28 页。

的 18.25%。可采纳一些学者的建议，把征求意见稿滞纳金条款的设定修改为按日加收滞纳税款千分之五的滞纳金，并设定上限，滞纳金最高不超过未缴税款的 50%；罚款的标准也应降低，把征求意见稿设定的罚款标准由不缴或少缴税款的 0.5 倍以上 3 倍以下，修改为不缴或少缴税款的 0.2 倍以上 1 倍以下。[①] 罚款标准设定太高，已经没有多大的实际意义。因为随着金税三期的上线，行政执法权在现代信息技术条件的支撑下，可以实现全国统一，执法的地区不统一、自由裁量权大等问题已得到基本解决，从执法公平公正角度考量，理应并且完全能够做到设定统一的执法标准。

三、人格尊严及其对纳税人诚实推定权的审视

纳税人的诚实推定权或诚信推定权，是纳税人的基本权利之一。纳税人的诚实推定权是指纳税人进行的纳税申报、设置账簿等行为非有相反证据并经依法裁定，都应当被认为是合法的、准确的，纳税人的纳税相关行为都应推定为合法的、善意的。[②] 目前世界上许多发达国家和地区主要以三种模式规定了纳税人的诚实推定权：①直接规定纳税人的诚实推定权，如澳大利亚、加拿大等国家的立法规定；②间接规定纳税人的诚实推定权，如美国、韩国等国家的相关规定；③通过诉讼规定或实务惯例实现纳

① 施正文：《〈税收征管法〉修订的法律难题解析》，《第二届“中国财税法治 30 人论坛”暨环保税立法和税收征管法修订专题研讨会论文集》（2016 年 7 月，未刊稿），第 197－206 页。

② 朱大旗、李帅：《纳税人诚信推定权的解析、溯源与构建》，《武汉大学学报》（哲学社会科学版）2015 年第 6 期，第 119－126 页。

税人的诚实推定权，如德国等国家的纳税人诚实推定权。[①]

我国现行《税收征收管理法》以及征求意见稿没有规定纳税人的诚实推定权。[②] 2009 年国家税务总局颁布的《关于纳税人权利与义务的公告》，明确提出纳税人的 14 项权利和 10 项义务，实际上仅是在梳理现行法律基础上的归纳和系统化，没有超出现行相关法律规定范围。我国纳税人诚实推定权的长期缺位，其历史原因是公民意识的缺失，政治原因是权力的膨胀压制了权利的成长，经济原因是转型期法制不健全以致纳税人逃避税款屡禁不止，社会原因是整个社会的诚信体系没有建立起来。但没有纳税人诚实推定权制度，其消极影响也很明显，税收征纳关系陷入恶性循环、税务检查权力扩张边界失控、可能侵犯经济自由和税本、造成财政资金浪费等。[③]

纳税人诚实推定权相当于刑事诉讼程序的无罪推定原则。我国于 2012 年修订的《刑事诉讼法》，率先在刑事诉讼程序中废除了有罪推定的立法例，与国际通行的做法接轨。正在修订的《税收征收管理法》，理应对纳税人的诚实纳税权作出积极回应。有学者把纳税人的诚实推定权价值定位于信赖利益，[④] 这实际上降低了纳税人诚实推定权的位格。纳税人诚实推定权实质上是人格

① 朱大旗、李帅把国际上纳税人诚实推定权的立法例概括为明示规定模式和隐含规定模式，王桦宇概括为本部分正文中的三种模式。参见王桦宇：《论税法上纳税人诚实推定权》，《税务研究》2014 年第 1 期，第 68 – 71 页；朱大旗、李帅：《纳税人诚信推定权的解析、溯源与构建》，《武汉大学学报》（哲学社会科学版）2015 年第 6 期，第 119 – 126 页。

② 2009 年厦门地税局出台了《对纳税人适用“无过错”原则的指导意见》，规定在无证据的情况下不得推定纳税人有偷逃税的行为，税务机关对纳税人违法行为负有全部举证责任。国家税务总局虽转发了该文，但这一做法没有在全国推广。

③ 张富强：《论纳税人诚信推定权立法的完善》，《学术研究》2011 年第 2 期，第 46 – 52 页。

④ 朱大旗、李帅：《纳税人诚信推定权的解析、溯源与构建》，《武汉大学学报》（哲学社会科学版）2015 年第 6 期，第 119 – 126 页。

尊严的一部分。[①] 德国的联邦基本法第1条就规定，人的尊严不受侵犯。根据德国法研究者的概括，人的尊严是自由民主制度以及德国基本法的最高价值，是基本权利体系的出发点，是最上位之宪法原则。[②] 从人格尊严的理论发展看，宪法上的人格尊严将人视为价值，无论其基础是自然权利、人是目的、人格发展，还是价值共识，它们都将人视为价值的结果，以保持人的精神本质构成为终极目标，否认与排斥任何削弱与贬损人的精神完整性和有损人格发展的行为。[③]

我国《宪法》第38条规定中华人民共和国公民的人格尊严不受侵犯，这是纳税人诚实推定权的直接法源。除刑事领域外，在民法领域，从财产到人格、从物质性人格权到精神性人格权的发展态势也非常明显。[④] 税法是现代文明的镜子，新的《税收征收管理法》应增加纳税人诚实推定权条款，重点是限定税务检查权的边界和举证责任的分配。

第二节 分配正义与税收社会学运动

一、分配危机与分配正义

分配问题历来关涉社会和谐和政权稳定，社会财富的公平分

---

① 刘剑文：《〈税收征收管理法〉修改的几个基本问题——以纳税人权利为中心》，《法学》2015年第6期，第3-12页。

② 林来梵：《人的尊严与人格尊严》，《浙江社会科学》2008年第3期，第47-55页。

③ 郑贤君：《宪法“人格尊严”条款的规范地位之辨》，《中国法学》2012年第2期，第79-89页。

④ 王利明：《人格权法的发展和完善》，《法律科学》2012年第4期，第166-174页。

配是人类社会的向往理想。皮凯特的《21 世纪资本论》问世后，分配正义问题再次超越政治哲学和伦理学讨论的领域，成为公共领域讨论的重大论题。皮氏研究发现，资本收益率高于经济增长率是人类历史的事实，前者增长率基本维持在 4% ~5% ，后者平均值在 0. 1% ~0. 2% 。根据皮氏的预测，2012—2050 年经济增长率为 2. 5% ，2050—2070 年为 1. 5% ，2070—2100 年为 1. 2% ，而通过历史数据计算，资本和劳动的替代弹性为 1. 3 ~1. 6，国民收入中资本份额会随着资本收入比的提高而上升。[①] 如果按照这种趋势发展，伴随经济的增长，财富积累的速度将快于劳动收入的增长率，一个经济体内部的贫富差距将进一步扩大，而不是出现库茨涅兹所描述的倒“U”型情况。皮凯特认为，库茨涅兹所描述的倒“U”型情况出现，即贫富差距出现收敛情形，贫富差距缩小，纯因战争和大萧条等偶然因素所致，经济发展过程中并不存在让收入差距缩小的自动机制。而近年来我国的财富和收入差距在群体间呈扩大态势，已是社会各界接受的基本结论。[②] 我国的“十三五”规划明确提出要调整国民收入分配格局，加大收入分配调节力度，就是对社会要求的分配正义的正面回应，也是对可能引发分配危机的积极预防。

分配正义是社会正义的重要内容和基本形式，其所重点关注的是在社会成员或群体成员之间进行权利、权力、义务和责任配置的问题。[③] 早在先秦时，孔子就谈到了分配问题，一方面宣称

---

① 相关数据及解读参见托马斯 · 皮凯特著，巴曙松、陈剑等译：《21 世纪资本论》，北京：中信出版社 2014 年版；李实、岳希明主编：《〈21 世纪资本论〉到底发现了什么》，北京：中国财政经济出版社 2015 年版。

② 相关研究参见王小鲁：《国民收入分配战略》，北京：学习出版社；海口：海南出版社 2013 年版；郭庆旺等：《税收对国民收入分配调控作用研究》，北京：经济科学出版社 2014 年版。

③ E. 博登海默著，邓正来译：《法理学——法律哲学与法律方法》，北京：中国政法大学出版社 1999 年版，第 265 页。

要“因人之所利而利之”，[①] 另一方面又宣称“不患寡而患不均”。[②] 在古希腊，亚里士多德将平等的正义分为分配正义和校正正义。交换正义涉及的是市场主体的交换关系，它的核心原则是公平价格和公平对待原则。分配正义是在对财富、荣誉、权利等有价值的东西进行分配时，对不同的人给予不同的对待，对相同的人给予相同的对待。[③] 有学者认为分配正义是利用社会制度的方式来分配收入、机会和各种资源。分配正义关注的对象不是个人，而是群体；当前对中国社会来说，分配正义所试图解决的问题是不平等，但不是某一个个体与另一个个体之间的不平等，而是一个社会群体与另一个社会群体之间的不平等。[④] 以此观之，分配正义是指国家作为主体实行分配，即国家正义，而非个人正义。在按什么原则进行分配这个问题上，有平等说、应得说、资格说、需要说等不同观点；在分配什么这个问题上，也就是要将什么“平等化”这一方面，有福利说、资源说、能力说、优势说等多种回答，这些观点的基本共识就是：改善弱势群体的处境。[⑤] 分配正义的核心问题是收入和财富的不平等问题，分配正义理论试图从规范意义上澄清各种社会收入不平等的性质和对待方式，区分个人和社会责任，从而为合理的社会制度设计和政策制定提供规范和原则。分配正义意味着对交换正义局限性的认识和纠正。[⑥]

---

① 《论语·尧曰》。

② 《论语·季氏》。

③ 转引自施正文：《分配正义与个人所得税法改革》，《中国法学》2011 年第 5 期，第 32 – 43 页。

④ 姚大志：《分配正义：从弱势群体的观点看》，《哲学研究》2011 年第 3 期，第 107 – 114 页。

⑤ 赵鑫洋：《分配正义：理论述评与政策启示》，《国家治理》2016 年第 5 期，第 22 – 32 页。

⑥ 汪行福：《分配正义与社会保障》，上海：上海财经大学出版社 2003 年版，第 5 – 15 页。

在当代西方，关于分配正义的政治哲学争论主要在罗尔斯与诺齐克之间展开。罗尔斯强调人们的先天性差别，国家需要进行一定的政策干预，通过补偿社会弱者来体现社会正义，要求政府在一定程度上进行扩张并超越政府“守夜人”的职能。[①] 但恰恰是罗尔斯对于自由主义政治哲学作出最大贡献的地方，诺齐克认为罗尔斯设计的分配正义需要冒险做大国家。诺齐克强调通过正当持有而获得的个人权利优先于国家权力，认为天赋上的不平等并不需要通过政策强制来补偿，“国家不得使用其具强制力的机构来迫使一些公民帮助另一些公民；亦不得以同样方式禁止人们追求自身的利益或自我保护，否则国家的功能就不正当”。[②] 从对分配正义的历史考察看，正义是对和谐合理的社会关系的价值追求和制度安排，而分配正义是对弱者生存权利的关注和对强者权力意志的约束。[③]

二、当前我国税制调节财富和收入分配的现状与问题

1. 我国国民收入分配格局向政府和企业倾斜

国民收入分配包括初次分配和再分配两个阶段，增加值是政府、企业、居民各主体初次分配的起点。利用《中国统计年鉴》中的资金流量表相关数据，我们可计算出我国的国民收入分配格局向政府和企业倾斜。从表 5－1 可见，1999—2014 年，政府部门和企业部门的分配占比呈上升趋势，特别是企业占比，在初次分配占比从 18.0% 上升到 2014 年的 24.7%，最终分配格局虽有所下降，但仍然从 14.3% 上升到 20.5%，而在最终分配格局中的

① 参见约翰·罗尔斯著，何怀宏、何包钢、廖申白译：《正义论》，北京：中国社会科学出版社 1988 年版。

② 参见罗伯特·诺奇克著，姚大志译：《无政府、国家和乌托邦》，北京：中国社会科学出版社 2008 年版。

③ 何建华：《分配正义论》，北京：人民出版社 2007 年版，第 35 页以下。

居民占比部分则从 67.1% 下降到 60.6%，2008 年甚至只有 57.1%。

表 5-1 1999—2014 年中国国民收入分配格局

单位:%

年份	初次分配格局			最终分配格局		
	政府	企业	居民	政府	企业	居民
1999	17.0	18.0	65.0	18.6	14.3	67.1
2000	16.7	18.9	64.4	19.5	15.7	65.1
2001	18.4	18.1	63.5	21.1	15.1	63.8
2002	17.5	17.3	65.3	20.5	14.3	65.2
2003	18.0	18.8	63.2	21.9	15.5	62.7
2004	16.9	23.5	59.6	19.3	20.9	59.8
2005	17.5	23.2	59.4	20.0	20.8	59.2
2006	17.9	23.2	59.0	21.4	19.9	58.7
2007	18.3	23.6	58.1	22.1	20.3	58.1
2008	17.5	25.3	57.2	21.3	21.6	57.1
2009	14.6	24.7	60.7	18.3	21.2	60.5
2010	15.0	24.5	60.5	18.4	21.2	60.4
2011	15.4	23.9	60.7	19.2	20.0	60.8
2012	15.6	22.7	61.7	19.5	18.5	62.0
2013	15.2	24.1	60.7	18.9	19.8	61.3
2014	15.2	24.7	60.1	18.9	20.5	60.6

资料来源：根据相关年度《中国统计年鉴》资金流量表（实物交易）数据计算整理。

如何看待一个经济体收入分配向企业即向资本倾斜，在不同的发展阶段有不同的判断。理论研究和相关实证分析表明，在经济发展过程中，初始的收入不平等对一个经济体在起飞阶段是有促进作用的，原因是相对较高的收入群体有较强的边际储蓄倾向，适度的资本集中有利于新企业的建立和新技术的应用。但随着经济的发展，过大的收入差距将扭曲总体需求结构，使经济的创新动力不足，不利于经济的可持续发展，甚至可能陷入贫困陷阱。[①] 拉美八国和东亚五个经济体都实行自由竞争的市场原则，对比东亚模式和拉美模式，前者比较成功地跨越中等收入陷阱，后者长期跌入中等收入陷阱，其中的一个重大的差别是，东亚模式通过制度建设以弥补市场机制不足，主动调节收入差距，平均基尼系数从1950年的0.436缩小到1998年的0.359，拉美模式放任收入差距无限扩大，平均基尼系数从1950年的0.475扩大到2008年的0.518。这两种发展模式的差距，导致经济和社会发展水平的巨大差别，也是原始资本主义和现代市场经济的差别。[②]

还有一个值得关注的问题是，2008年以来，包括我国在内的经济体基本上采用凯恩斯主义刺激投资的做法稳定经济增长。在短期内可增加需求，在长期则起到增加供给的作用，对投资不足的经济体，这一做法有效；对消费需求不足的经济体，这样的做法反而会恶化本已结构失衡的经济，并不能从制度上解决收入分配问题。[③] 近年来我国提出实行供给侧结构性改革，大力推进“三去一降一补”[④]，也是认识到投资拉动经济增长方式消极的负

---

① 耿林：《分配的演化》，杭州：浙江大学出版社2009年版，第5－6页。

② 王小鲁：《国民收入分配战略》，北京：学习出版社；海口：海南出版社2013年版，第31页。

③ 王小鲁：《国民收入分配战略》，北京：学习出版社；海口：海南出版社2013年版，第9页。

④ “三去一降一补”是指去产能、去库存、去杠杆、降成本、补短板。

面影响日趋严重。

2. 当前税制整体上对财富和收入差距存在逆调节问题

由于受经济发展阶段的影响，我国与大多数发展中国家一样，税制结构以间接税为主，直接税为辅。流转税占税收收入的比重虽然呈总体下降态势，但在税收规模上，依然处于支配地位。具体在主要税种方面：增值税具有同时降低资本要素和劳动要素分配份额的功能，其税负转嫁取决于供求弹性大小。由于我国居民生活需求的大部分商品被增值税覆盖，而居民生活品需求弹性小，增值税对资本要素的分配影响小于对劳动要素分配的影响，且以对劳动要素的影响为主。营业税主要是对资本要素征税，征收营业税将直接降低资本分配份额。企业所得税属于对资本征税，总体而言，将降低资本分配份额。个人所得税同时对资本所得和劳动所得征税，由于我国居民财产性收入较少，个人所得税主要是导致劳动份额的降低。[①]

税收杠杆不仅具有对高收入者进行征税的功能，还具有对低收入者进行保护的功能。个人所得税、财产税、遗产税与赠与税等主要是对过高收入者的财富和收入进行调节，避免社会财富畸高的阶层出现，社会保障税则是对大多数劳动者进行保护的税种。我国调控收入分配的税收制度不健全，直接作用于收入调控的税种只有个人所得税且比重较低，收入调节能力弱，财产税、遗产税与赠与税都还没有设立，或者规模很小。总体来说，我国还没有形成一个调控财富和收入分配的税收制度体系。现行税制并不利于缩小财富和收入差距，反而在一定程度上扩大了财富和收入差距。

---

① 郭庆旺等：《税收对国民收入分配调控作用研究》，北京：经济科学出版社 2014 年版，第 180 – 181 页。

三、税收社会学运动与分配正义

市场经济本质上是契约经济，契约本质所内含的平等、竞争、功利和理性原则，随着市场经济体制的确立和完善将得到普及和认可。但契约社会在接受市场运行规律时，有一条社会能力底线假定。当市场主体的能力在社会能力底线之下时，契约内生的平等、自由，以及功利和理性原则，不但不能实现，契约形式上的公平反而会造成实质上的不公平，甚至还可能出现契约暴力。在完全由机会平等作为整合手段的契约社会里，由于原生性因素或历史性因素而不能充分利用其机会的人将落入社会的底层，甚至引致社会的分裂。[①] 为避免原生性因素或历史性因素出现的财富和收入差距过大，当今大多数国家在制定社会政策时，都坚持了能力底线的原则，低于能力底线的，税收制度、社会保障等将自动启动扶持功能。

人类社会的发展，总体上是一场“从身份到契约”的运动（from status to contract）[②]，但因社会能力底线事实上的存在，不同的领域出现了“从契约到身份”的回归。这一回归，正是分配正义的内在要求，也是人是目的的具体体现。我们把符合分配正义要求的税收政策的制定称为税收社会学运动。

所谓税收社会学运动，是以社会学视角和方法研究税收问题、制定税收政策的运动。税收社会学的机理实际上是指一个国家收入的产生及其对政治权威、经济、社会其他方面的影响，即税收政策的社会学意义，或者说税收政策对促进社会协调运行的作用与影响。税收社会学运动的兴起实际上就是从社会良性运行

---

① 刘颖：《从身份到契约与从契约到身份》，《天津社会科学》2005 年第 4 期，第 47 – 51 页。

② 参见梅因著，沈景一译：《古代法》，北京：商务印书馆 1959 年版。

或和谐运行角度出发，利用税收杠杆，弥补契约制度的刚性缺陷，提高市场主体的基本能力，避免或减缓市场失灵对社会的冲击。

当前，我国税收社会学运动的表现是，国家在逐渐调整间接税和直接税比重，增强直接税的财富和收入调节功能外，还对社会能力底线以下的群体直接进行税收规制，扶持这一群体的竞争力。

（1）废止农业税条例。1949 年后，中央通过“剪刀差”汲取农业剩余，为工业化战略增加资本积累，支持工业发展。农业剩余本来不高，还需要承担农业人口再生产的职能。农业税实际上是一种直接税，与个人所得税功能相似。国家征收农业税，另外加上地方政府捆绑的不合理收费，易于伤及税本。从税收社会学角度看，在全国范围内取消农业税，不仅可以增强广大农民的权利交换能力，而且通过降低农业生产经营成本，调动农民的积极性和创造性，把农民、农村、农业的发展纳入国家的整个现代化进程，使现代化建设的成果惠及亿万农民。

（2）促进中小微企业发展。中小微企业健康快速发展，不但能够提供税收收入，更重要的是提高整个社会的创新能力，吸纳大量新增就业。我国 2007 年制定的新《企业所得税法》以及《增值税条例》等，都有扶持中小微企业发展的税收优惠。如广东地税系统仅 2015 年就为 11.4 万户小微企业减免企业所得税 6.5 亿元，享受优惠的企业户数同比上升 73%，减免税额同比增长 1.5 倍，税收优惠政策实际惠及面 100%；并且建立税银互动以“信”换“贷”机制，以中小微企业纳税信用等级评定结果作为银行信贷担保，无须提供其他抵押和担保，开辟了融资新渠道。2015 年利用“税融通”“税银通”等项目累计为小微企业融资约160亿元，新增就业岗位近5万个。[①]

（3）制定下岗再就业税收政策。按民政部门的统计口径，城市贫困人口大体上分为四类人：无经济收入、无劳动能力、无法定赡养人或抚养人的“三无”人员；贫困的失业人员，即在领取失业救济金期间家庭人均收入低于当地最低生活保障线的居民；贫困的在岗下岗人员和退休人员，即此类在领取工资、基本生活费和退休金的同时，其家庭人均收入低于当地最低生活保障线的居民；因残疾、疾病或其他原因而生活困难的居民。[②] 在四类人员中，第二、三类占的比重大，也是产生社会矛盾的主要方面。失业登记者，基本属于社会弱势群体，处于社会能力底线以下，市场的竞争力较弱。针对这种社会现象，国家出台了下岗再就业的税收优惠政策，规定达到一定条件的失业、下岗再就业人员，可以享受规定的税收优惠，提高他们在市场经济条件下的基本能力。目前主要存在两类税收扶持政策：一类是激励下岗失业人员自谋职业的税收优惠政策；另一类是激励企业吸纳下岗失业人员的税收优惠政策。当然，这些政策由于优惠范围窄，政策零散，新老企业标准界定难以把握，调整手段单一，在实际运行中，与政策目标预期还存在一定差距。[③]

税收社会学运动既是一种理论思潮，也是一种政策实践。从法律社会学运动、法律经济学运动和财政社会学的发展历史看税收社会学运动的发展趋势是：税收理论、税收政策对社会运行的

---

① 向景、魏升民：《广东中小微企业税费负担调研报告》（广东地税内部研究报告，未刊稿，2016）。

② 参见郑杭生：《社会学概论新修》（第三版），北京：中国人民大学出版社2003年版，第391页。

③ 徐浩洋：《试论我国的再就业税收优惠政策》，《财政监督》2014年第24期，第56－59页。

自发嵌入到自觉嵌入。[①] 这种自觉嵌入表现在税收研究中，不仅关注税收理论本身的形式逻辑，也关注税收对社会运行的影响；表现在税收政策制定上，不仅是考虑组织财政收入的多寡，也考虑在组织收入过程中的经济影响、文化影响和社会影响，考虑到整个社会的和谐发展和运行。税收政策促进社会运行的全过程，在“从身份到契约”的市场化改革中，税收是国家取得财政收入的主要方式，同时也是国家干预经济发展、促进社会良性运行、实现分配正义的有力手段。[②]

第三节　诚信纳税是税收伦理的金规则

一、诚信纳税是税收伦理金规则的证成

尽管有专家认为，宪法一般只规定公民的基本权利，义务主要由一般性的法律规定，目的是防止政府缩减公民的基本权利。[③] 但不管是宪法上规定公民纳税的义务，还是一般性法律规定的公民纳税的义务，两者只是形式不同，并没有本质的区别。正如前文所述，政府存在是“必要之恶”，是为了防止回到人对人战争的丛林时代。税收是国家存在的派生物。现代民主政体赋予公民选举权，更换不称职的政府，但并没有赋予一般的公民免予缴纳

① 嵌入概念是新经济社会学的一个核心概念，即在承认经济自身发展规律的同时，经济也嵌入社会关系之中，经济是人与环境互动的制度化过程。对嵌入理论更进一步的关注，参阅理查德·斯威德伯格著，周长城等译：《经济社会学原理》，北京：中国人民大学出版社 2005 年版。

② 苏月中、向景：《论我国当前的税收社会学运动》，《涉外税务》2006 年第 12 期，第 56－58 页。

③ 张千帆：《宪法学导论——原理与应用》（第三版），北京：法律出版社 2014 年版，序言第 6 页。

税收的义务。税收法定主义和量能课税原则，隐含的是公民依法纳税和按照财富多少或收入能力纳税的义务。税收是文明的对价，就是公民依法纳税义务的另一种解释。

公民不但有依法纳税的义务，更有诚信纳税的义务。诚信纳税是税收伦理的金规则。所谓金规则，是指在人际伦理中，对待他人的总原则在伦理体系中的表现，即各种文化的伦理体系中，都至少有一个在理论上无懈可击、在实践上历久弥新、能够一以贯之概括表达伦理体系总精神的一条道德原则，这种绝对无疑的道德黄金律叫金规则（the golden rule）。[①] 金规则于 1993 年在世界宗教大会通过的《走向全球伦理宣言》中提出，表述为：每一个人都应当得到符合人性的对待。[②] 其积极表述为：己欲立而立人，己欲达而达人；消极表述为：己所不欲，勿施于人。[③] 确立金规则的目的是寻求价值共识，提供解决价值冲突的道德思维方式，夯实各类制度的伦理价值基础。在西方，金规则也被认为是“行为的第一原则”。作为元理论和一种方法论，其实质是角色互换，是换位思考，是存在者在行为之前，先考量其他存在者同样的行为可能会如何对我。因为有金规则提供伦理支撑的换位思考，人际冲突和对抗会因此在一定程度上减少。[④]

从现代税收治理看，诚信纳税是在税收领域里有效遵守社会契约的基础性要件，放弃诚信纳税这一伦理要求，等于放弃信守社会契约这一道德承诺，其最大危害是破坏人类通过无数次试

① 赵汀阳：《论道德金规则的最佳可能方案》，《中国社会科学》2005 年第 3 期，第 70－79 页。

② 转引自倪梁康：《“全球伦理”的基础》，《江苏社会科学》2002 年第 1 期，第 13－19 页。

③ 邓晓芒：《全球伦理的可能性：“金规则”的三种可能性》，《江苏社会科学》2002 年第 4 期，第 1－6 页。

④ 苏月中、向景：《诚信纳税：税收伦理的金规则》，《涉外税务》2006 年第 6 期，第 17－19 页。

错、通过血的代价建立起来的秩序，面临回到一切人反对一切人的"霍布斯丛林"，所以说，诚信纳税是税收伦理的金规则，统摄着整个税收领域。确立诚信纳税的金规则地位，对丰富税收领域的社会资本，为解决税收领域的价值冲突提供道德共识，有效降低税收治理成本，具有重大理论意义和实践价值。[①]

二、以社会管理与税收管理联动增强纳税人的现代公民意识

诚信纳税意识是现代公民意识的重要组成部分。培养公民权利意识，有利于全社会诚信纳税意识水平的提升。公民权利是人是目的的载体，也是人的主体性的表现。现代市场经济的发展，必然内生性地带来利益分化等社会问题，导致人的主体性的弱化，或人的异化等社会问题。在经济和法律领域，避免人的异化、增强人的主体性的重要手段和制度设计是通过社会保护运动推进社会建设，保证社会权利的去商品化，防止市场力量因各种非个体能力等因素导致个体发展差距无限扩大。[②] 社会权利在1996 年联合国通过的《经济、社会、文化权利国际公约》中就有明确规定，[③] 包括社会保障权、维持基本生活权、受教育权等，可以概括为能力权利、机会权利、分配权利、补偿权利等四项权利。市民社会权利的兴起和扩张，为公民权利的行使、个体主体性的张扬，提供了机会保障和能力保障。

---

① 苏月中、向景：《诚信纳税：税收伦理的金规则》，《涉外税务》2006 年第 6 期，第 17 – 19 页。

② 广东省地方税收研究会课题组：《社会管理与税收管理联动探析》，王南健主编：《广东地税调研报告·2012》，广州：暨南大学出版社 2013 年版，第 163 页。

③ 我国政府于 1997 年正式签署该公约，2001 年全国人大批准了该公约。

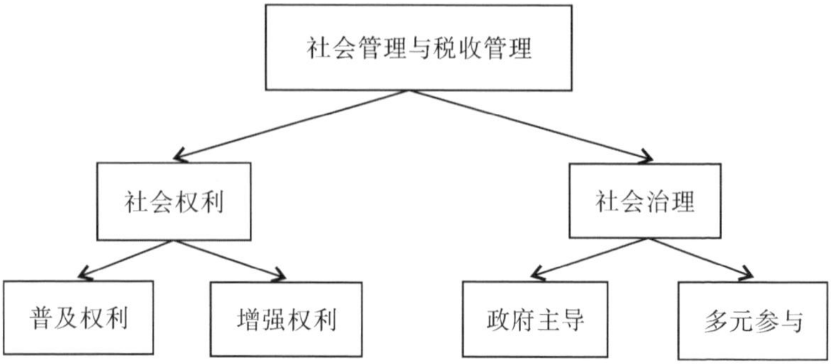

图 5－1　社会管理与税收管理联动结构图

保障公民的社会权利是一个国家和地区社会管理的主要内容。社会管理通过社会政策作用社会权利，税收政策本身就是重要的社会政策。社会管理和税收管理联动，可以较好地实现一个国家和地区规定的社会权利（见图 5－1）。①

在现代社会，市民社会权利表现为基本公共服务均等化。公民权利的享有，是按照公民资格，而不是按照等级身份或财富多寡等标准。社会管理与税收管理联动的着力点，是社会政策制定，由以身份为主向以公民资格为主转向；在税收政策的制定上，由以累退性间接税为主向以累进性的直接税为主转型。以社会管理和税收管理联动共同推进的社会保护运动，培养出的公民才是现代意义上的公民，这样才能最大限度地降低人的异化程度。

① 广东省地方税收研究会课题组：《社会管理与税收管理联动探析》，王南健主编：《广东地税调研报告·2012》，广州：暨南大学出版社 2013 年版，第 165 页。

三、通过提升税收遵从度提高社会诚信纳税能力

权利创造义务。[①] 诚信纳税是一种税收伦理倡导，它主要以自律为基础，需要设计制度促进一个社会诚信纳税水平和纳税能力的提升。民法中的诚实信用原则由一种道德倡导转化为帝王条款，也是经过严密的制度规定实现的。一个社会诚信纳税水平的提高，可以通过激励相容的制度设计，以税收遵从度的提升体现出来。发达经济体主要通过以下途径提升纳税遵从度。

（1）注重加大税法宣传力度。“税收是文明的对价”“税收取之于民、用之于民”等已经是现代市民社会的价值共识。国外大量研究表明，税法意识强的国家和地区，纳税遵从度就高；反之，则相反。我国的相关研究也表明，权利意识和义务意识强的人，纳税遵从意识就强。[②] 国家应加大诚信纳税的宣传力度，使之形成社会资本，降低税收治理现代化的成本。同时，在中小学教材中增加有关诚信纳税的内容，在个体心理尚未完全成熟时灌输经得起历史检验的税收伦理，培育讲诚信的纳税新人。[③] 另外，可挖掘在我国传统社会差序格局下形成的诚信文化资源，通过抽象继承法，[④] 完成传统诚信文化资源的现代性转换。

（2）注重税制的公平性。在国外研究纳税遵从行为的文献中，已形成自我控制理论、前景理论、公平理论。其中，公平理

① 张千帆：《宪法学导论——原理与应用》（第三版），北京：法律出版社 2014 年版，第 496 页。

② 苏月中：《税法意识对纳税遵从行为的影响分析》，《中山大学学报论丛》2007 年第 7 期，第 239 – 242 页。

③ 苏月中、向景：《诚信纳税：税收伦理的金规则》，《涉外税务》2006 年第 6 期，第 17 – 19 页。

④ 冯友兰先生提出的关于抽象继承的观点是：某些中国古代哲学命题可以区分为抽象意义和具体意义，其抽象意义往往可以为一切阶级服务，因而可以继承。

论的研究结果是，当纳税人感到税收公平时，其纳税遵从度较高；否则，纳税遵从度就较低。[①] 我国税制当前存在的最大的问题是间接税比重远高于直接税比重，税制的累退性导致中低收入阶层承担了更多更重的税负，使税制的公平性存在较大缺陷。从税制的公平性角度审视，增值税这一税种占税收比重已超过40%，应逐渐大幅调低税率，降低其比重，从而降低整个税制的累退性；正在修订个人所得税法的费用扣除和专项费用扣除标准、最高边际税率设定，都应体现量能课税原则，增强整个社会的公平感。

（3）注重税收管理的科学化。一是科学设计税款预缴制度。前景理论认为，个体并不拥有稳定的、事先确定的偏好，偏好是在进行选择和判断的过程中体现出来的，情境会影响偏好产生。根据前景理论，纳税人把补缴税款视为损失，把应退税款视为收益。在税制设计时，可借鉴美国等国家的做法，提高税款预缴比重和扩大代扣代缴范围，能有效提高纳税遵从度。[②] 二是科学设计逃税威慑和诚信纳税激励协调的制度。实验研究发现，较高查处率和处罚率能提高纳税遵从水平，但效果并不突出，可是对诚实的纳税人给予一定程度的奖励时，平均遵从水平显著提升。逃税处罚的威慑性，因存在查处概率问题，还有可能恶化社会公平。[③] 日本的蓝色申报表制度，我国的纳税信用评级和目前正在推广的信用联合惩戒制度，都具有明显的正向激励的特征。应坚

① 苏月中、向景：《纳税遵从的心理学解释及其相关政策建议》，《财政研究》2007年第8期，第50－52页。

② 苏月中、向景：《纳税遵从的心理学解释及其相关政策建议》，《财政研究》2007年第8期，第50－52页。

③ 赵永辉、李林木：《威慑机制、遵从激励与面向高收入者的最优税收执法》，《当代财经》2014年第2期，第29－39页。

持威慑和正向激励结合，提高纳税遵从度。三是科学设定成本承担制度。税收征收过程中，存在征收便利化和缴纳便利化谁为主导的设计理念。不同的理念，税收征收部门和纳税人的纳税遵从成本分担不同。在既定的总成本下，应降低纳税人的缴纳成本而不是征收成本，以提高纳税遵从度。国外把纳税人视为客户管理理念的兴起，内含的一个重要举措是降低纳税人的遵从成本。

（4）注重税款使用的公平和公开透明。一方面，健全完善财政支出的民主监督机制。加强贯彻落实《预算法》力度，强化预算执行的公开化、透明化和规范化，加强对年初预算执行情况的监督检查，保证纳税人及其代表有充分的知情权、监督权、批评权和建议权。另一方面，提高公共产品的数量和质量。特别是加大对教育、医疗和社会保障等民生领域的投入，使纳税人有较强的获得感。

参考文献

［1］托马斯·库恩著，吴国盛等译：《哥白尼革命》，北京：北京大学出版社 2003 年版。

［2］托马斯·库恩著，金吾伦、胡新和译：《科学革命的结构》（第四版），北京：北京大学出版社 2016 年版。

［3］何传启：《现代化概念的三维定义》，《管理评论》2003 年第 3 期。

［4］付志宇：《近代中国税收现代化进程的思想史考察》（第二版），成都：西南财经大学出版社 2015 年版。

［5］布莱克著，景跃进、张静译：《现代化的动力——一个比较史的研究》，杭州：浙江人民出版社 1989 年版。

［6］吉尔伯特·罗兹曼主编，国家社会科学基金“比较现代化”课题组译，沈宗美校：《中国的现代化》，南京：江苏人民出版社 1995 年版。

［7］罗荣渠：《现代化新论》，北京：商务印书馆 2009 年版。

［8］罗荣渠：《现代化新论》，北京：商务印书馆 2004 年版。

［9］虞和平：《中国现代化历程》，北京：商务印书馆 2007 年版。

［10］周穗明等：《现代化：历史、理论与反思》，北京：中国广播电视出版社 2002 年版。

［11］钱乘旦：《世界现代化历程》（总论卷），南京：江苏人民出版社 2012 年版。

［12］西里尔·E. 布莱克著，杨豫、陈祖洲译：《比较现代化》，上海：上海译文出版社 1996 年版。

［13］舒国滢主编：《法制现代化的理论基础》，北京：知识产权出版社 2010 年版。

［14］托克维尔著，周明圣译：《论美国的民主》，北京：中华书局 2014 年版。

［15］涂尔干著，渠东译：《社会分工论》，上海：生活·读书·新知三联书店 2013 年版。

［16］亚当·斯密著，郭大力、王亚南译：《国民财富的性质和原因的研究》，北京：商务印书馆 1974 年版。

［17］马克斯·韦伯著，马奇炎、陈婧译：《新教伦理与资本主义精神》，北京：北京大学出版社 2012 年版。

［18］罗斯托著，郭熙保、王松茂译：《经济增长的阶段：非共产党宣言》，北京：中国社会科学出版社 2001 年版。

［19］特奥托尼奥·多斯桑托斯著，杨衍永、齐海燕等译：《帝国主义与依附》，北京：社会科学文献出版社 1999 年版。

［20］伊曼纽尔·沃勒斯坦著，郭方、刘新成、张文刚译：《现代世界体系》（1－4 卷），北京：社会科学文献出版社 2013 年版。

［21］张仲宁、白鹏飞：《佩鲁〈新发展观〉述评》，《广西青年干部学院学报》2007 年第 4 期。

［22］马国栋：《生态现代化理论产生和发展的理论背景分析》，《南京工业大学学报》（社会科学版）2014 年第 3 期。

［23］亨廷顿著，周琪等译：《文明冲突与世界秩序的重建》（修订版），北京：新华出版社 2010 年版。

［24］周天勇：《中国现代化历程与未来发展的任务》，《民主与科学》2011 年第 1 期。

［25］何传启：《第二次现代化理论与中国现代化》，《世界科技研究与发展》1999 年第 12 期。

［26］付志宇：《近代中国税收现代化进程的思想史考察》，成都：西南财经大学出版社 2010 年版。

［27］朱广俊主编：《税收现代化目标体系建设研究与实践》，北京：中国税务出版社 2015 年版。

［28］中国国际税收研究会编：《中国国际税收走向现代化的回顾与展望》，北京：中国税务出版社 2015 年版。

［29］高培勇：《财税体制改革与国家治理现代化》，北京：社会科学文献出版社 2014 年版。

［30］俞可平：《论国家治理现代化》，北京：社会科学文献出版社 2014 年版。

［31］张林海主编：《税收现代化目标体系建设研究》，北京：中国税务出版社 2016 年版。

［32］焦瑞进：《税收治理现代化及其数据应用分析》，北京：中国税务出版社 2016 年版。

［33］江苏省苏州工业园区地方税务局课题组：《略论税收治理现代化指标体系的构建》，《税务研究》2016 年第 4 期。

［34］刘剑文、熊伟：《税法基础理论》，北京：北京大学出版社 2004 年版。

［35］齐延平：《自由大宪章研究》，北京：中国政法大学出版社 2007 年版。

［36］丁艳波：《从财政宪法角度解读〈自由大宪章〉》，《法制与经济》2006 年第 3 期。

［37］魏兴荣：《为何纪念〈大宪章〉》，《炎黄春秋》2015 年第 11 期。

［38］王云龙：《现代化的特殊性道路》，北京：商务印书馆

2004 年版。

［39］聂志红：《民国时期的工业化思想》，济南：山东人民出版社 2009 年版。

［40］赵晓雷：《中国工业化思想及其发展战略研究》，上海：上海财经大学出版社 2010 年版。

［41］萧国亮、隋福民：《世界经济史》，北京：北京大学出版社 2007 年版。

［42］林毅夫、蔡昉、李周：《中国的奇迹：发展战略与经济改革》，上海：格致出版社 2014 年版。

［43］吴敬琏：《计划与市场关系的讨论和我国经济体制的取向》，《改革》1991 年第 1 期。

［44］张幼文：《论进口替代与出口导向战略实绩差异》，《世界经济文汇》1992 年第 6 期。

［45］金民卿：《市民社会·市场经济·现代化》，《宁夏党校学报》1999 年第 4 期。

［46］韩立新：《从国家到市民社会：马克思思想的重要转变》，《河北学刊》2009 年第 1 期。

［47］邓正来：《关于“国家与市民社会”框架的反思与批判》，《吉林大学社会科学学报》2006 年第 3 期。

［48］赵永伟：《成熟的市民社会》，《广西政法管理干部学院学报》2003 年第 1 期。

［49］孙天承、秦国荣：《市民社会与市场经济法治的内在逻辑》，《学海》2011 年第 4 期。

［50］郑强：《市民社会与法治》，《外国法评译》2000 年第 4 期。

［51］马长山：《西方法治产生的深层历史根源、当代挑战及其启示》，《法律科学》2001 年第 6 期。

［52］蒋永甫、谢舜：《有限政府、有为政府与有效政府》，《学习与探索》2008 年第 5 期。

［53］韩冬雪：《超越自由主义的政治理念》，《中国行政管理》2000 年第 9 期。

［54］张中祥：《从有限政府到有效政府：价值 · 过程 · 结果》，《南京社会科学》2001 年第 3 期。

［55］赵汀阳、刘军宁等：《学问中国》，南昌：江西教育出版社 1998 年版。

［56］张曙光：《个人权利和国家权力》，刘军宁编：《市场逻辑与国家观念》，上海：上海三联书店 1995 年版。

［57］田国强：《对当前中国改革及平稳转型意义重大的三个问题》，《第一财经日报》，2016 年 10 月 24 日。

［58］文贯中：《中国的市场化不是过了，而是十分不足》，《第一财经日报》，2016 年 10 月 26 日。

［59］中共中央马克思恩格斯列宁斯大林著作编译局编译：《马克思恩格斯全集》（第六卷），北京：人民出版社 1961 年版。

［60］苏小和：《百年经济史笔记》，北京：东方出版社 2016 年版。

［61］刘伟、刘鹏：《试论〈自由大宪章〉对国民权利的构建》，《经济研究导刊》2010 年第 35 期。

［62］汉密尔顿、杰伊、麦迪逊著，程逢如、在汉、舒逊译：《联邦党人文集》，北京：商务印书馆 1980 年版。

［63］郑戈：《美国财政宪法的诞生》，《华东政法大学学报》2015 年第 3 期。

［64］李建人：《英国税收法律主义的历史渊源》，北京：法律出版社 2012 年版。

［65］崔皓旭：《宪政维度下的税收研究》，北京：知识产权

出版社 2010 年版。

［66］丁一：《税收法定主义发展之三阶段》，《国际税收》2014 年第 5 期。

［67］程梦婧：《〈大宪章〉在晚清中国的传播》，《清华法学》2016 年第 2 期。

［68］王家林：《“税收法定主义”观不符合中国国情》，《中国财政》2012 年第 1 期。

［69］熊伟：《重申税收法定主义》，《法学杂志》2014 年第 2 期。

［70］刘剑文：《落实税收法定主义原则的现实路径》，《政法论坛》2015 年第 3 期。

［71］刘剑文：《财税法——原理、案例与材料》，北京：北京大学出版社 2015 年版。

［72］廖仕梅：《从民法视角探析推定课税——基于“最高人民法院提审广州德发公司案例”分析》，《地方财政研究》2015 年第 10 期。

［73］张学博：《税收法定原则新论：从绝对主义到相对主义》，《上海财经大学学报》2016 年第 8 期。

［74］向景：《国有企业内部人控制问题研究》，广州：暨南大学出版社 2008 年版。

［75］向景：《避税行为的效力分析》，《外国经济与管理》2001 年第 11 期。

［76］刘剑文：《财税法专题研究》（第三版），北京：北京大学出版社 2015 年版。

［77］张婉苏、卢庆亮：《特别纳税调整“一般条款”之法律解读》，《苏州大学学报》（哲学社会科学版）2010 年第 4 期。

［78］刘桂清：《税收调控中落实税收法定原则的正当理由和

法条授权立法路径新探》,《税务研究》2015 年第 3 期。

［79］陈亮:《论税收立法中的税收法定主义》,《东方法学》2012 年第 5 期。

［80］张守文:《“结构性减税”中的减税权问题》,《中国法学》2013 年第 5 期。

［81］吕冰洋:《税收分权研究》,北京:中国人民大学出版社 2011 年版。

［82］平新乔:《财政原理与比较财政制度》,上海:上海三联书店;上海人民出版社 1995 年版。

［83］朱丘祥:《分税与宪政》,北京:知识产权出版社 2008 年版。

［84］许建国主编:《中国地方税体系研究》,北京:中国财政经济出版社 2014 年版。

［85］霍军:《中央与地方税收收入划分的中外比较研究》,《经济研究参考》2015 年第 8 期。

［86］朱红琼:《中央与地方财政关系及其变迁史》,北京:经济科学出版社 2008 年版。

［87］周雪光:《从“黄宗羲定律”到帝国的逻辑:中国国家治理逻辑的历史线索》,《开放时代》2014 年第 4 期。

［88］叶姗:《税收集中的形成及其强化:考察近 20 年的税收规范性文件》,《中外法学》2012 年第 4 期。

［89］周飞舟:《分税制十年:制度及其影响》,《中国社会科学》2006 年第 6 期。

［90］杨志勇:《比较财政学》,上海:复旦大学出版社 2005 年版。

［91］王南健主编:《广东地税调研 · 2013》,广州:暨南大学出版社 2014 年版。

［92］苏月中、向景：《经济转型、行政性一致同意与税收立法》，《涉外税务》2005 年第 12 期。

［93］鹤光太郎：《用“内生法律理论”研究法律制度与经济体系》，吴敬琏主编：《比较》（第 8 期），北京：中信出版社 2003 年版。

［94］郝铁川：《论良性违宪》，《法学研究》1996 年第 4 期。

［95］郝铁川：《社会变革与成文法的局限性》，《法学研究》1996 年第 6 期。

［96］童之伟：《“良性违宪”不宜肯定》，《法学研究》1996 年第 6 期。

［97］张清波：《试以基本权利限定“良性违宪”》，《东方法学》2014 年第 4 期。

［98］梁木生、彭伟：《论强制性制度变迁的弊端及其应对》，《湖北经济学院学报》2005 年第 6 期。

［99］李炜光、王江涛、范程程：《浅议宏观税负与我国长期经济增长的内在关联》，《税务研究》2016 年第 10 期。

［100］董根泰：《我国宏观税负国际比较：一种基于可比性的分析》，《财贸经济》2014 年第 4 期。

［101］李万甫：《“死亡税率”引发的税负问题思考》，《财会信报》，2017 年 1 月 9 日第 B02 版。

［102］付广军：《厘清宏观税负口径及含义》，《中国税务报》，2016 年 3 月 16 日第 B01 版。

［103］杨灿明、詹新宇：《中国宏观税负政策偏向的经济波动效应》，《经济研究》2016 年第 4 期。

［104］冯兴元、臧建文：《中国宏观税负有多大》，《党政论坛》2016 年第 6 期。

［105］向景：《高收入群体个税的加法与减法》，《中国税务

报》，2016 年 3 月 9 日第 B02 版。

［106］《世界税制现状与趋势》课题组编著：《世界税制现状与趋势（2015）》，北京：中国税务出版社 2016 年版。

［107］高培勇：《世界主要国家财税体制：比较与借鉴》，北京：中国财政经济出版社 2010 年版。

［108］梅因著，沈景一译：《古代法》，北京：商务印书馆 1959 年版。

［109］向景、苏月中：《促进我国私人投资的税收制度创新——从投资者甄别机制到投资甄别机制》，《财经研究》2004 年第 8 期。

［110］田孟清：《“假外资”：现状、危害、成因与对策》，《武汉大学学报》2008 年第 1 期。

［111］唐伟霞：《FDI 的假外资和外资避税问题研究》，《首都经贸大学学报》2009 年第 1 期。

［112］向景：《跨越中等收入陷阱与我国税收制度优化调整》，王南健主编：《广东地税调研报告 · 2013》，广州：暨南大学出版社 2014 年版。

［113］厉以宁：《论中等收入陷阱》，《经济学动态》2012 年第 12 期。

［114］蔡洪滨：《中国经济转型和社会流动性》，《比较》2010 年第 51 期。

［115］李月、周密：《跨越中等收入陷阱研究的文献综述》，《经济理论与经济管理》2012 年第 9 期。

［116］张德荣：《“中等收入陷阱”发生机理与中国经济增长的阶段性动力》，《经济研究》2013 年第 9 期。

［117］代法涛：《跨越“中等收入陷阱”：理论、经验和对策》，《财经研究》2014 年第 2 期。

［118］张平：《中等收入陷阱的经验特征、理论解释和政策选择》，《国际经济评论》2015 年第 6 期。

［119］清华大学凯风发展研究院社会进步研究所等：《“中等收入陷阱”还是转型陷阱》，《开放时代》2012 年第 3 期。

［120］朱富强：《“中等收入陷阱”与中国发展策略》，《社会科学研究》2016 年第 1 期。

［121］华生、汲诤：《中等收入陷阱还是中等收入阶段》，《经济学动态》2015 年第 7 期。

［122］姚枝仲：《什么是真正的中等收入陷阱》，《国际经济评论》2014 年第 6 期。

［123］刘世锦等：《陷阱还是高墙》，北京：中信出版社 2011 年版。

［124］田国强、陈旭东：《中国如何跨越“中等收入陷阱”》，《学术月刊》2015 年第 5 期。

［125］楼继伟：《中国经济的未来 15 年：风险、动力和政策挑战》，《比较》2010 年第 51 期。

［126］李扬、裴长洪：《广东经验：跨越中等收入陷阱》，北京：社会科学文献出版社 2012 年版。

［127］国家税务总局科研所课题组：《拉美和东亚国家中等收入阶段宏观税负、税收制度和政策比较研究》，《国际税收》2015 年第 9 期。

［128］向景、温丽萍、魏升民：《智利跨越中等收入陷阱的税收政策评析》，《税务研究》2015 年第 10 期。

［129］刘馨颖：《日本跨越“中等收入陷阱”的经验及启示》，《税务研究》2015 年第 11 期。

［130］刘世锦：《增长速度下台阶与发展方式转变》，《经济学动态》2011 年第 5 期。

［131］蔡昉：《理解中国经济发展的过去、现在和将来——基于一个贯通的增长理论框架》，《经济研究》2013 年第 11 期。

［132］李扬主编：《2016 年中国经济形势分析与预测》，北京：社会科学文献出版社 2015 版。

［133］刘树成：《防止经济增速一路下行——2015—2020 年中国经济走势分析》，《经济学动态》2015 年第 3 期。

［134］李扬、张晓晶：《论新常态》，北京：人民出版社 2015 年版。

［135］高培勇：《中国税收持续高速增长之谜》，《经济研究》2006 年第 12 期。

［136］吕冰洋、郭庆旺：《中国税收高速增长的源泉：税收能力和税收努力框架下的解释》，《中国社会科学》2011 年第 2 期。

［137］刘金东：《中国税收超 GDP 增长的因素研究》，北京：中国税务出版社 2014 年版。

［138］向景、魏升民、温丽萍：《日本、韩国经济增速换挡对税收增速的影响分析》，《税务研究》2016 年第 6 期。

［139］蔡昌：《结构性减税、普遍性降费的关联与匹配》，《中国财经报》，2015 年 8 月 11 日第 2 版。

［140］申广军、陈斌开、杨汝岱：《减税能否提振中国经济》，《经济研究》2016 年第 11 期。

［141］广东地方税务局课题组：《新一轮财税体制改革与国地税征管范围调整研究》，吴紫骊主编：《广东地税调研报告（2015）》，广州：暨南大学出版社 2016 年版。

［142］黄颖川：《元旦起国地税业务一网搞定》，《南方日报》，2016 年 12 月 30 日第 A02 版。

［143］郭驰：《税收精细化管理研究》，北京：中国税务出版

社2008年版。

［144］向景：《广东地税实施战略管理的探索及其完善建议》，吴昇文主编：《广东地税调研报告（2009）》，广州：暨南大学出版社2010年版。

［145］刘叶婷、王春晓：《“大数据”，新作为——“大数据”时代背景下政府作为模式转变的分析》，《领导科学》2012年12月（中）。

［146］刘锦、顾加强：《我国物联网现状及发展策略》，《企业经济》2012年第4期。

［147］吴吉义、平玲娣、潘雪增、李卓：《云计算：从概念到平台》，《电信科学》2009年第12期。

［148］崔勇、宋健、缪葱葱、唐俊：《移动云计算研究进展与趋势》，《计算机学报》2017年第2期。

［149］谭荣华、李伟、王敏、刘翰波：《电子税务局建设的若干问题研究》，《税务研究》2002年第12期。

［150］刘建徽、周志波：《整体政府视阈下“互联网+税务”发展研究》，《宏观经济研究》2015年第11期。

［151］张凌霄：《推进“互联网+税务”行动计划的要点》，《中国税务报》，2015年7月24日第B06版。

［152］张惠冰、姚楚颖：《广东地税开启全省通办模式》，《广东地方税务》（内刊）2016年第11期。

［153］乐清、周忠清：《广东地税创新打造微信办税“五大体系”，再树深化改革新品牌》，《广东地方税务》（内刊）2016年第11期。

［154］广东省地方税务局课题组：《构建大数据时代下数据管税新格局的对策与建议》，吴紫骊主编：《广东地税调研报告（2015）》，广州：暨南大学出版社2016年版。

[155] 苏月中、向景：《我国税务管理信息化进程中的数字鸿沟及其跨越》，《税务研究》2007 年第 1 期。

[156] 广东省地方税务局税务营商环境课题组：《广东税务营商环境情况调研报告》，王南健主编：《广东地税调研报告·2012》，广州：暨南大学出版社 2013 年版。

[157] 向景、刘中虎：《借鉴国际经验，优化我国税务营商环境》，《国际税收》2013 年第 2 期。

[158] 向景：《提升国际化的税务营商环境》，《中国税务报》，2015 年 12 月 2 日第 B02 版。

[159] 魏升民、向景、温丽萍、吴海民：《广东税务营商环境监测与优化建议》，《财政科学》2016 年第 2 期。

[160] 广东省地税局绩效管理专题调研组：《广东地税系统推行绩效管理可行性调研报告》，王南健主编：《广东地税调研报告·2011》，广州：暨南大学出版社 2012 年版。

[161] 范春辉：《绩效管理的美国纪事：评〈更快、更好、更省？——美国政府的绩效管理〉》，《公共行政评论》2015 年第 3 期。

[162] 冉敏：《国外政府绩效管理法制化研究述评》，《天津行政学院学报》2016 年第 1 期。

[163] 董静：《绩效信息得到有效使用了吗?》，《兰州大学学报》（社会科学版）2014 年第 3 期。

[164] 王永明：《政府绩效管理科学化：理论分析、现实困境与实现路径》，《中国行政管理》2015 年第 11 期。

[165] 郭驰、向景：《税收精细化管理水平测度的理论探讨》，《税务研究》2007 年第 12 期。

[166] 腾祥志：《论〈税收征管法〉的修改》，《清华法学》2016 年第 3 期。

［167］刘克崮、贾康主编：《中国财政改革三十年亲历与回顾》，北京：经济科学出版社 2008 年版。

［168］刘剑文：《〈税收征收管理法〉修改的几个基本问题——以纳税人权利为中心》，《法学》2015 年第 6 期。

［169］左卫民、朱桐辉：《〈公民诉讼权：宪法与司法保障研究》，《法学》2001 年第 4 期。

［170］王霞、陈辉：《税收救济“双重前置”的法律经济学解读》，《税务研究》2015 年第 3 期。

［171］廖仕梅：《废除税务行政救济前置条件的必要性与可行性》，《第二届“中国财税法治 30 人论坛”暨环保税立法和税收征管法修订专题研讨会论文集》（2016 年 7 月，未刊稿）。

［172］施正文：《〈税收征管法〉修订的法律难题解析》，《第二届“中国财税法治 30 人论坛”暨环保税立法和税收征管法修订专题研讨会论文集》（2016 年 7 月，未刊稿）。

［173］姜昕：《比例原则研究——一个比较宪政的视角》，北京：法律出版社 2008 年版。

［174］姜明安主编：《行政法与行政诉讼法》（第六版），北京：北京大学出版社；高等教育出版社 2015 年版。

［175］朱大旗、李帅：《纳税人诚信推定权的解析、溯源与构建》，《武汉大学学报》（哲学社会科学版）2015 年第 6 期。

［176］王桦宇：《论税法上纳税人诚实推定权》，《税务研究》2014 年第 1 期。

［177］张富强：《论纳税人诚信推定权立法的完善》，《学术研究》2011 年第 2 期。

［178］林来梵：《人的尊严与人格尊严》，《浙江社会科学》2008 年第 3 期。

［179］郑贤君：《宪法“人格尊严”条款的规范地位之辨》，

《中国法学》2012 年第 2 期。

［180］王利明：《人格权法的发展和完善》，《法律科学》2012 年第 4 期。

［181］托马斯 · 皮凯特著，巴曙松、陈剑等译：《21 世纪资本论》，北京：中信出版社 2014 年版。

［182］李实、岳希明主编：《〈21 世纪资本论〉到底发现了什么》，北京：中国财政经济出版社 2015 年版。

［183］王小鲁：《国民收入分配战略》，北京：学习出版社；海口：海南出版社 2013 年版。

［184］郭庆旺等：《税收对国民收入分配调控作用研究》，北京：经济科学出版社 2014 年版。

［185］E. 博登海默著，邓正来译：《法理学——法律哲学与法律方法》，北京：中国政法大学出版社 1999 年版。

［186］施正文：《分配正义与个人所得税法改革》，《中国法学》2011 年第 5 期。

［187］姚大志：《分配正义：从弱势群体的观点看》，《哲学研究》2011 年第 3 期。

［188］赵鑫洋：《分配正义：理论述评与政策启示》，《国家治理》2016 年第 5 期。

［189］汪行福：《分配正义与社会保障》，上海：上海财经大学出版社 2003 年版。

［190］何建华：《分配正义论》，北京：人民出版社 2007 年版。

［191］耿林：《分配的演化》，杭州：浙江大学出版社 2009 年版。

［192］刘颖：《从身份到契约与从契约到身份》，《天津社会科学》2005 年第 4 期。

［193］郑杭生：《社会学概论新修》（第三版），北京：中国人民大学出版社 2003 年版。

［194］徐浩洋：《试论我国的再就业税收优惠政策》，《财政监督》2014 年第 24 期。

［195］理查德·斯威德伯格著，周长城等译：《经济社会学原理》，北京：中国人民大学出版社 2005 年版。

［196］苏月中、向景：《论我国当前的税收社会学运动》，《涉外税务》2006 年第 12 期。

［197］张千帆：《宪法学导论——原理与应用》（第三版），北京：法律出版社 2014 年版。

［198］赵汀阳：《论道德金规则的最佳可能方案》，《中国社会科学》2005 年第 3 期。

［199］倪梁康：《“全球伦理”的基础》，《江苏社会科学》2002 年第 1 期。

［201］邓晓芒：《全球伦理的可能性：“金规则”的三种可能性》，《江苏社会科学》2002 年第 4 期。

［202］苏月中、向景：《诚信纳税：税收伦理的金规则》，《涉外税务》2006 年第 6 期。

［203］广东省地方税收研究会课题组：《社会管理与税收管理联动探析》，王南健主编：《广东地税调研报告·2012》，广州：暨南大学出版社 2013 年版。

［204］苏月中：《税法意识对纳税遵从行为的影响分析》，《中山大学学报论丛》2007 年第 7 期。

［205］苏月中、向景：《纳税遵从的心理学解释及其相关政策建议》，《财政研究》2007 年第 8 期。

［206］赵永辉、李林木：《威慑机制、遵从激励与面向高收入者的最优税收执法》，《当代财经》2014 年第 2 期。

[207] 罗伯特·诺奇克著，姚大志译：《无政府、国家和乌托邦》，北京：中国社会科学出版社 2008 年版。

[208] 约翰·罗尔斯著，何怀宏、何包钢、廖申白译：《正义论》，北京：中国社会科学出版社 1988 年版。

[209] 吴紫骊主编：《广东税萃·2016 年调研报告汇编》，广州：暨南大学出版社 2017 年版。

后　记

不知不觉在税务部门待了近15年了。逝者如斯夫，岁月留不住青春，同事和朋友对我的称谓已经从小向换成了老向；对我自己而言，虽然换了3个部门，增生无数白发，唯一所幸看书的嗜好一直没有在时间的河流中慢慢冲淡，反而随着年龄的增长，越发沉溺于“究天人之际、通古今之变”之类的琢磨。不是为了“腹有诗书气自华”的孤芳自赏，仅是为了聆听不同年龄阶段的自己心灵发出的声音。时而外化于形流露于笔端，更多的是内化于心的沧桑和感悟。

15年来主要的工作是税收经济调研，白天奔波于各地，晚上疾笔于书房。拙作实际上是对15年来调研工作的总结。偶尔还有人问起如何做税收调研，我的回答是无他，熟能生巧罢了。今录心得《税收调研三字经》，同样算是对15个春秋经历的定格：

做调研，不为难。探究竟，有方便。
读毛选，皆经典。学邓选，共三卷。
经济学，宏微观。税收学，枕着眠。
法学家，道正义。常对话，守底线。
张守文，刘剑文，施正文，至熊伟。
高培勇，胡怡建，刘世锦，吴敬琏。
诸仁者，深领会。你我他，造热点。
树标杆，美利坚。对比者，加金砖。

童子功，练计量。大数据，倚天剑。

爬格子，昼与夜。苦与乐，已忘言。

能够在书斋里心无旁骛地思考问题和写作，首先要感谢广东省地税局的历任领导吴昇文先生、王南健先生、吴紫骊先生等对我的包容，以及国家税务总局科研所李万甫所长的鞭策和鼓励，没有他们的支持和厚爱，就不会有拙作问世。其次要感谢梁友平先生、郭驰先生，他们不嫌我的愚笨，引领我逐渐走进税收领域的深处。再次要感谢苏月中女士、温丽萍女士、刘中虎先生、魏升民先生，他们是我近年来论文的主要合作者，无论是与他们在一起交流所迸发的灵感，还是论文修改过程中的字推句敲，都能领略到他们的博学，很好地弥补了我在一些学科领域方面的盲点。还要感谢余雯辉女士，她是我两本专著的封面设计师，她的艺术创造给原本干巴的理论著作赋予了灵动的魅力。

我对家人是最感到愧疚的，数十年如一日在喧闹的大都市享受着思考和阅读的乐趣，却时常忘记自己做儿子、丈夫、父亲的责任。谨以此书献给我的亲人。

向　景

2017 年 6 月于半缘斋